AUGUST BEBEL

IN
SELBSTZEUGNISSEN
UND
BILDDOKUMENTEN

—

DARGESTELLT
VON
HELMUT HIRSCH

ROWOHLT

Dieser Band wurde eigens für «rowohlts monographien» geschrieben
Den Anhang besorgte der Autor
Herausgeber: Kurt Kusenberg · Redaktion: Beate Möhring
Schlußredaktion: K. A. Eberle
Umschlagentwurf: Werner Rebhuhn
Vorderseite: August Bebel. Slg. Megele (Bilderdienst Süddeutscher
Verlag, München)
Rückseite: Bebels Wanderbüchlein (SPD-Archiv, Bonn)

Veröffentlicht im Rowohlt Taschenbuch Verlag GmbH,
Reinbek bei Hamburg, Februar 1973
© Rowohlt Taschenbuch Verlag GmbH, Reinbek bei Hamburg, 1973
Alle Rechte an dieser Ausgabe vorbehalten
Satz Aldus (Linofilm-Super-Quick)
Gesamtherstellung Clausen & Bosse, Leck/Schleswig
Printed in Germany
ISBN 3 499 50196 1

INHALT

1891

Die Fäden der Parzen bilden oft seltsame Gewebe. Otto von Bismarck, der zu einem solchen Giganten der europäischen Politik gemacht worden ist, daß er im «Grundriß der Geschichte für die Oberstufen der Höheren Schule» heute noch 43 Seiten überschattet, gab gerade den preußischen Staatsdienst auf, um sich (erst 24 Jahre alt und schon enttäuscht) auf eines der Güter seiner Familie zurückzuziehen. Zugleich war in Rheinpreußen ein Kind «unterwegs», das auf der deutschen «Bühne des öffentlichen Lebens»[1]* sein stärkster Gegenspieler werden sollte. Im gleichen Schulbuch wird Bebel nur dreimal kurz gestreift. Das traditionelle Mißverhältnis endlich zu beseitigen, ist eines der Vorhaben dieser Monographie.

Ferdinand August Bebel wurde am 22. Februar 1840 in Deutz am Rhein abends um halb neun Uhr geboren. Der Vater, Unteroffizier Johann Gottlob Bebel, Sohn des Bäckermeisters Johann Bebel aus Ostrowo (Ostrów Wielkopolski), kam aus einem Flecken westlich von Kalisch in der bei der zweiten polnischen Teilung geraubten Provinz Posen (Poznań). Da 1830 in Warschau ein Aufstand zur Befreiung vom ausländischen Joch stattgefunden hatte, *hielt es die preußische Regierung für angemessen, die posenschen Regimenter aus der Provinz zu entfernen*[2]. Sie enthielten vermutlich zu viele Preußenfeinde. *Das Regiment, in dem mein Vater diente,* heißt es in Bebels Erinnerungen, *wurde als Teil der preußischen Bundesgarnison nach der damaligen Bundesfestung Mainz verlegt.* Später versetzte man das Regiment nach Posen zurück. Doch schied Vater Bebel *in Rücksicht auf seine Braut, vielleicht auch weil es ihm im Rheinland besser gefiel als in seiner Heimat, aus demselben aus und trat in das in Köln-Deutz garnisonierende 25. Infanterieregiment ein. Sein Zwillingsbruder August, mein Taufpate, folgte seinem Beispiel insofern, als dieser in das damals in Mainz garnisonierende 40. Infanterieregiment (8. rheinisches Füsilierregiment) übertrat.* Väterlicherseits (und, wie noch zu berichten sein wird, stiefväterlicherseits) stammte Bebel also von zugewanderten, deklassierten Kleinbürgern aus dem östlichen Grenzland der Monarchie.

Noch ausgeprägter war die gesellschaftliche Deklassierung der Mutter, Wilhelmina Johanna Simon. Sie stammte aus *einer alteingesessenen, nicht unbemittelten Kleinbürgerfamilie der ehemaligen freien Reichsstadt Wetzlar.* Der Vater, Friedrich Jacob Simon, war Böttchermeister[3] und Landwirt. Doch die namentlich in der Handwerkerschaft recht gedrückten Verhältnisse des überschuldeten, verarmten Landstädtchens[4] wirkten sich in einer gesteigerten geogra-

---

* Die hochgestellten Ziffern verweisen auf die Anmerkungen S. 120 f.

Trauregistrierung der Eltern vom 28. Oktober 1838

Die Geburtsurkunde

phischen und sozialen Mobilität aus. *Die Familie war zahlreich, und so trat meine Mutter, dem Beispiel der Töchter anderer Wetzlarer Familien folgend, die Wanderung nach Frankfurt a. M. an, woselbst sie als Dienstmädchen Stellung nahm. Von Frankfurt kam sie nach dem benachbarten Mainz und machte hier die Bekanntschaft meines Vaters.* Es war alles andere als eine vorteilhafte Partie. Der bürgerliche Erwerbssinn gab sich aber nicht leicht geschlagen. Das zeigen die weiteren Selbstzeugnisse im ersten Kapitel des ersten Bandes der dreibändigen Selbstbiographie Bebels *Aus meinem Leben,* die im Gegensatz zu den meisten übrigen Teilen des Werks wirklich Memoiren sind. Hier haben wir eine offensichtlich ohne viel Gedächtnisstützen entstandene Niederschrift dessen, was dem Alternden für seinen Werdegang wichtig erschien. *Eine preußische Unteroffiziersfamilie der damaligen Zeit lebte in erbärmlichen Verhältnissen. Das Gehalt war mehr als knapp, wie denn zu jener Zeit überhaupt in der Militär- und Beamtenwelt Preußens Schmalhans Küchenmeister war und so ziemlich jeder für Gott, König und Vaterland den Schmachtriemen anziehen und hungern mußte. Meine Mutter erhielt die Erlaubnis, eine Art Kantine führen zu dürfen, das heißt, sie hatte das Recht, allerlei kleine Bedarfsartikel an die Mannschaften der Kasematten zu verkaufen, was in der einzigen Stube geschah, die wir innehatten.*

Die unermüdliche Betriebsamkeit der Marketenderin blieb in Bebels Gedächtnis haften. *So sehe ich sie im Geiste noch heute vor mir, wie sie abends bei der mit Rüböl gespeisten Lampe den Soldaten die steinernen Näpfe mit dampfenden Pellkartoffeln füllte, à Portion 6 Pfennig preußisch.* Am Vater, der *gleich seinem Bruder ein außerordentlich gewissenhafter, pünktlicher und adretter Militär – ein sogenannter Mustersoldat war,* beeindruckte ihn dessen Unabhängigkeits- und Oppositionsgeist. Ein gutes Dutzend Jahre Militärdienst und die freiheitliche Tradition der Rheinlande, die ähnlich wie Polen von der großen Französischen Revolution inspiriert worden war, ergaben die rechte Spannung, um ihn von Zeit zu Zeit explodieren zu lassen. *So kam er öfter in höchstem Zorn und mit Verwünschungen auf den Lippen vom Exerzierplatz in die düstere Kasemattenstube. Als im Jahre 1840 unter Louis Philipp und seinem Ministerium Thiers ein Krieg zwischen Frankreich und Preußen drohte, soll er eines Tages in höchster Empörung in die Stube getreten sein, weil nach seiner Ansicht ein blutjunger Offizier ihm zu nahe getreten war, und meiner Mutter zugerufen haben: «Frau, wenn es losgeht, die erste Kugel, die ich verschieße, gilt einem preußischen Offizier!»* Der Posener hielt es mit den Rheinländern, die sich als «Mußpreußen» empfanden. Im Auflehnen gegen Unrecht wie im Bemühen um die Verbesserung des Alltags, das zur Pflichterfüllung paßte, übernahm Bebel das Erbe seiner Eltern.

Kasematte in Deutz

Vorläufig lag das allerdings noch in weiter Ferne. *Für uns Kinder —
mir war im April 1841 der erste Bruder und im Sommer 1842 der zweite
geboren worden — war das Leben in den Kasematten ein Leben voller
Wonnen. Wir trieben uns in den Kasemattenstuben umher, verhät-
schelt oder auch gehänselt von Unteroffizieren und Mannschaften.
Außer kindlichem Klimpern auf der von einem Taufpaten angefertig-
ten Gitarre fesselte den kleinen Bebel das Soldatenspielen. Sobald er die
erste Hose und den ersten Rock anhatte, die selbstverständlich beide
aus einem alten Militärmantel des Vaters gezimmert worden waren,
stellte ich mich, ausgestattet mit der nötigen Bewaffnung, neben oder
hinter die auf dem freien Platz vor der Kasematte übenden Mannschaften und ahmte ihre Bewegungen nach. Wie mir meine Mutter später
öfter humorvoll erzählte, soll ich namentlich das Rechts- und Linksauf-
rücken meisterlich fertigbekommen haben, eine Übung, die den Mannschaften viel Schweiß verursachte und bei der ich ihnen manchmal von
dem kommandierenden Offizier oder Unteroffizier als Muster hingestellt worden sein soll.* Experte in Militärdingen blieb Bebel bis zu seinem Tod, obwohl er, wenig über 5 Fuß, 4 Zoll und «zu schwach»[5], später vom Dienst befreit worden ist. Im Frühjahr 1843 wurde dem Vater
der Posten eines Grenzaufsehers angeboten, um den er sich seit langem

beworben hatte. Deswegen zog die Familie Bebel, teils zu Fuß, teils auf
dem Möbelwagen, im Herbst nach *Herzogenrad.* (Da Bebel von der *bel-
gischen* Grenze spricht, nicht von der holländischen, könnte Hergen-
rath gemeint sein.) *Noch war die dreimonatige Probezeit nicht zu Ende,
so hatte sich mein Vater infolge des anstrengenden Nachtdienstes eine
schwere Erkrankung zugezogen. Die mühsame Reise mußte wiederholt
werden. In Köln angekommen, wurde der Vater in das Militärlazarett
geschafft, und uns wurde wieder eine Stube in den Deutzer Kasematten,
diesmal hinten nach dem Wallgraben hinaus, angewiesen. Nach
dreizehnmonatiger Krankheit starb der Vater, 35 Jahre alt, ohne daß
die Mutter die Berechtigung zum Bezug einer Pension hatte.* Die Unter-
kunft für sie und die Kinder war zu räumen.

Schon «vor Ablauf der zehnmonatlichen Trauerzeit»[6] heiratete die

11

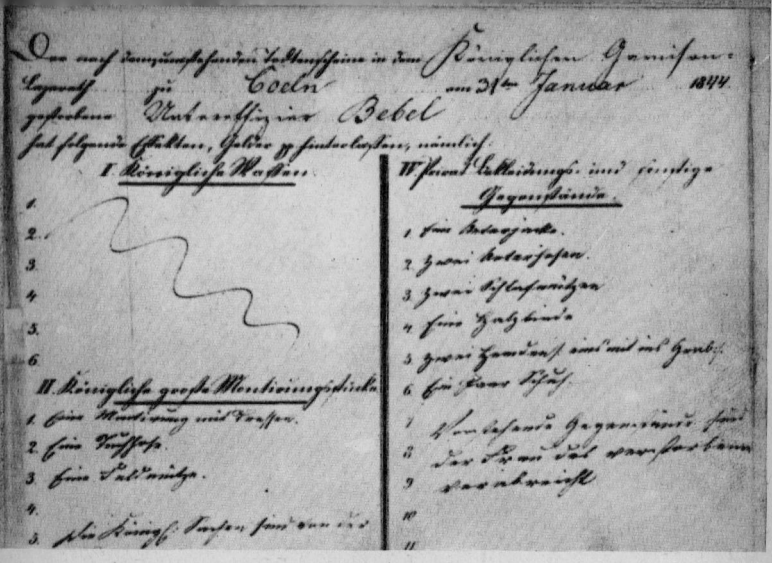

Beischrift zum Totenschein des Vaters

jetzt vierzigjährige Witwe den drei Jahre jüngeren Zwillingsbruder
ihres verstorbenen Mannes, Ferdinand August Bebel. Ob bloß die
Pflicht, sich der Hinterbliebenen anzunehmen, wie der Stiefsohn es pie-
tätvoll deutete, oder bereits vorhandene Beziehungen die Eheschließung veranlaßten? Bebel überliefert, daß sein jüngster Bruder, Carl
Friedrich, *ein bildhübsches Kind und der Liebling des Vaters*, das heißt
des Stiefvaters, war. Als der Knabe mit drei Jahren starb, wurde er in
der Sterbeurkunde als «Sohn von dem oben genannten August Bebel
und von dessen Ehefrau»[7], und nicht als Stiefsohn, bezeichnet. Auf
jeden Fall hatte der neue Mann einen Posten als Aufseher in dem im
Regierungsbezirk Köln gelegenen Arbeitshaus zu Brauweiler und damit eine Bleibe. Daß sie, wenn auch zwei Stuben umfassend, nicht kom-
fortabler war als die Kasemattenwohnung, läßt sich unter anderem aus
dem niedrigen Gehalt des Revieraufsehers Bebel und der amtlichen
Feststellung schließen: «Den Aufsehern und Meistern haben enge,
dunkle und feuchte, zum Aufenthalt der Häuslinge nicht einmal geeignete Lokale überwiesen werden müssen, die jeder Bequemlichkeit entbehren.»[8] Das Niederdrückende des Orts, an dem genau hundert
Jahre später der Ex-Oberbürgermeister von Köln, Konrad Adenauer, in
einer Zelle über dem Folterraum der Gestapo festgehalten wurde,
spricht aus Bebels Schilderung. *Die Anstalt bildete einen großen Kom-
plex von Gebäuden und Höfen und umschloß auch Gartenland. Das
alles war mit einer hohen Mauer umzogen. Männer, Frauen und*

12

*Kirchturm der ehemaligen Benediktiner-Abtei
in Brauweiler*

Der Maulkorb wurde durch ein Ministerial=Reskript vom Jahre 1871 verboten, doch war dasselbe wenig bekannt und beachtet, bis im vorigen Jahre der durch denselben herbeigeführte Tod der Korrigendin Wodtke und die sich daran anknüpfende Gerichtsverhandlung gegen Schell= mann das Verbot herbeiführte und dadurch der weiteren Anwendung dieses Marterinstrumentes ein Ziel setzte.

jugendliche Insassen waren voneinander getrennt. Um nach dem Arresthaus zu gelangen, in dem sich auch unsere Wohnung befand, mußte man über mehrere Höfe schreiten, die durch schwere verschlossene Türen voneinander getrennt waren. Das Arresthaus war also von jeder menschlichen Umgebung abgeschieden. Allabendlich, sobald die Dämmerung eintrat, flogen Dutzende von Eulen in allen Größen mit ihrem Gefauche und Gekrächze um das Gebäude und jagten uns Kindern Angst und Schrecken ein. Der Aufenthalt dieser Eulen war der Turm der nahen Kirche.

Der Aufseher der für die Arbeitshäusler bestimmten Gefangenenanstalt war trotz seiner Gutherzigkeit ein reizbarer Erzieher. *Mehr als ein-*

mal mußte die Mutter dem Vater in die Arme fallen, wenn dieser in maßloser Erregung schwere körperliche Züchtigungen an uns vollzog. Die grausame Behandlung anderer Zöglinge kann wie die väterlichen Prügel nicht ohne seelische Rückwirkung geblieben sein. *Ich habe mehr als einmal mit angesehen, daß junge und ältere Männer, die extra schwer bestraft wurden, sich der scheußlichen Prozedur des Krummschließens unterziehen mußten. Dieses Krummschließen bestand darin, daß der Delinquent sich auf den Boden der Zelle auf den Bauch zu legen hatte. Alsdann bekam er Hand- und Fußschellen angelegt. Darauf wurde ihm die rechte Hand über den Rücken hinweg an den linken Fuß und die linke Hand ebenfalls über den Rücken an den rechten Fuß gefesselt. Damit noch nicht genug, wurde ihm ein leinenes Tuch strickartig um den Körper über Brust und Arme auf dem Rücken scharf zusammengezogen. So als lebendes Knäuel zusammengeschnürt, mußte der Übeltäter zwei Stunden lang auf dem Bauch liegend aushalten. Alsdann wurden ihm die Fesseln abgenommen, aber nach wenigen Stunden begann die Prozedur von neuem. Das Gebrülle und Gestöhne der so Mißhandelten durchtönte das ganze Gebäude und machte natürlich auf uns Kinder einen schauerlichen Eindruck.* Ob der greise Bebel sich dieser Greuel vor allem deshalb entsann, weil er allgemein die Grundsätze und die Praktiken der aristokratisch-bürgerlichen Justiz bekämpfte? (*Also etwas mehr Menschlichkeit nicht nur für die Mörder, sondern für die Verbrecher überhaupt*[9], hieß es in seiner Antwort auf die Frage, wie er zur Todesstrafe stehe.) Oder lag ihm und seinen Genossen nach Jahrzehnten hauptsächlich daran, den Ausbeutern der gefolterten Arbeitshäusler das Handwerk zu legen?[10] Vielleicht war er erst durch jene Schrecken zum Sprecher der Gequälten geworden. Sachkenntnisse hatte er in jedem Fall erworben.

Der sein Leben lang lerneifrige Junge wurde so früh eingeschult, wie es den fortschrittlichsten Methoden von heute entspricht. *Hier in Brauweiler besuchte ich schon von Herbst 1844 ab, erst viereinhalb Jahre alt, die Dorfschule, und zwar wurde ich ... als «Freiwilliger» aufgenommen.* Da über hundert Knaben in einem Raum von 56 Quadratmetern von nur einem Lehrer unterrichtet wurden, wird der einzelne wenig Aufmerksamkeit, dafür aber um so mehr Anregung bekommen haben.[11] Wäre August auch dann zum Rebellen gegen Staat und Gesellschaft geworden, wenn wenigstens sein Bildungsgang einen ungestörten Verlauf genommen hätte? Statt dessen wurde der Junge durch eine zweite Krise erschüttert. Der Ersatzvater starb. Er *war im September 1841 wegen Ganzinvalidität mit einem Gnadengehalt von zwei Talern monatlich aus dem Dienst im 40. Infanterieregiment entlassen worden. Ursache der Invalidität war der Verlust der Kommandostimme infolge einer Kehlkopfentzündung, die später ebenfalls in*

Schwindsucht ausartete. (Johann Gottlob Bebel war an «Auszehrung und Wassersucht»[12] gestorben.) *Er hatte nach Aufgabe seiner Stellung im Regiment nahezu zwei Jahre als Polizeiunteroffizier im Militärlazarett in Mainz fungiert und hatte alsdann provisorisch die Stelle eines Revieraufsehers in der Provinzial-Korrektionsanstalt Brauweiler bei Köln angenommen.* Es war aber eines jener Provisorien, die andauern. *Seine eigentliche Absicht war, bei der Post in Dienst zu treten.* Damals suchten Behörden jedoch noch nicht händeringend nach neuen «Mitarbeitern». *Sollte eine Stelle besetzt werden, so mußte meist erst ein bisheriger Stelleninhaber sterben oder pensioniert werden.* Die ersehnte Position eines Briefträgers bekam der Kandidat erst im Oktober 1846 angeboten, *als er eben auf der Totenbahre lag.* So war die Mutter binnen drei Jahren zum zweitenmal Witwe. Auch aus dieser Ehe hatte sie keinen Anspruch auf staatliche Unterstützung. Nun blieb ihr nichts übrig, als mit den Halbwaisen ins heimatliche Wetzlar überzusiedeln. Dort verlebte Bebel seine *eigentliche Jugendzeit*, gewann er einen *Kreis* von *Bekannten*, dem er bis an sein Ende die Treue hielt.

Was die materiellen Verhältnisse anging, war es eine kummervolle Zeit, die als solche schon zu erklären vermöchte, warum Bebel zum Vorkämpfer der Notleidenden wurde. Zwar hatte die Witwe von ihrer verwitweten Mutter, einer geborenen Johanetta Christina Kinklern, fünf bis sechs Parzellen Land geerbt, *die in den verschiedensten Gemarkungen um Wetzlar herum zerstreut lagen. Und sie hatte, der Not gehorchend, auch mehrere davon bereits verkauft.* (Von der gleichfalls verwitweten Großmutter Bebels väterlicherseits, einer geborenen Bertha Heintke, hatte sie anscheinend nichts zu erwarten.) Die Veräußerung des Familienerbes war der Frau aber nicht leichtgefallen. Schwerer noch wurde es ihr, andere Einkünfte zu erschließen. Einige Jahre behalf sie sich, indem sie zu einem Hungerlohn für ihren Schwager, einen Handschuhmacher, weiße Militär-Lederhandschuhe nähte. Zeitweilig betrieb sie einen Mittagstisch für Unteroffiziere aus dem während der Revolution von 1848/49 kurze Zeit in Wetzlar stationierten Bataillon, in dem ihr erster Mann gedient hatte. Die Tuberkeln, die sich seit Jahren auch bei ihr eingenistet hatten, machten ihr jedoch zuletzt *jede Arbeit unmöglich.*

Dadurch wurde Bebel vorzeitig mit Verpflichtungen belastet, die sonst auf Erwachsenen ruhen. *Ich als Ältester mußte die Ordnung des kleinen Hauswesens, Stube und Kammer, übernehmen. Ich hatte Kaffee zu kochen, Stube und Kammer zu reinigen und sie samstäglich zu scheuern; ich mußte das Zinn- und Blechgeschirr putzen, unser Bett machen usw., eine Tätigkeit, die mir nachher als Handwerksbursche und politischer Gefangener sehr zustatten kam. Da es meiner Mutter später aber auch unmöglich wurde zu kochen, ging jeder von uns bei-*

Die Schule in Brauweiler

den zu einer Tante zu(m) Mittagessen ... *Für die Mutter selbst holten
wir abwechselnd bei verschiedenen bessersituierten Familien das bißchen Essen, dessen sie benötigte.* Um die Finanzen aufzubessern, ent-
schloß Bebel sich zur Annahme eines «Jobs». *Nach Schluß der Schule
ging ich zum Kegelaufsetzen auf die Kegelbahn in einer Gartenwirt-
schaft. Von dort kam ich in der Regel erst abends gegen zehn Uhr nach
Hause, am Sonntag weit später. Aber das fortgesetzte Bücken verursachte mir so heftige Rückenschmerzen, daß ich jeden Abend stöhnend
nach Hause kam.* Auf diese Nebeneinnahme mußte verzichtet werden.

Was sonst noch in Betracht kam, war teils unerfreulich, teils uner-
träglich. *Eine andere Beschäftigung, an der wir Jungen beide teilnah-
men, war im Herbst das Kartoffellesen bei der Ernte auf den Äckern
einer unserer Tanten. Es war, wenn es neblig, naß und kalt war, keine
angenehme Beschäftigung, von früh sieben bis zum Dunkelwerden auf
den Kartoffelfeldern zu arbeiten, aber es winkte uns als Lohn ein großer
Sack Kartoffeln für den Winter, außerdem erhielten wir jeden Morgen,
wenn wir mit aufs Feld gingen, zur Anregung ein großes Stück
Zwetschgenkuchen, den wir beide leidenschaftlich liebten.* Einberu-
fung ins Militärwaisenhaus, die August nicht mehr zu erwarten hatte,

17

Wetzlar

nachdem er *auf Grund ärztlicher Untersuchung als körperlich zu
schwach dazu erklärt worden* war, kam 1853 auf Carl Julius zu. Wie
August war er für eine zweijährige Militärerziehung mit anschließen-
der neunjähriger Dienstzeit angemeldet worden, nur damit bis dahin
für jeden Jungen monatlich 15 Silbergroschen vom preußischen Staat
eintrafen. Jetzt bereute die dahinsiechende Mutter die eingegangene
Verpflichtung. *So unterblieb der Eintritt meines Bruders in das Militärwaisenhaus, der für mich damals zu meinem Bedauern nicht in Frage
kam.* Ob August schon ahnte, daß er bald Vollwaise sein würde?
Anfang Juni jenes Jahres starb «Wilhelmine Johanette Böbel . . . 49
Jahre, 1 Monat und 16 Tage»[13], wie der Amtsanzeiger den Familienna-

18

men verballhornte. Anderthalb Monate danach wurde ihr hinterlassenes Mobiliar, «bestehend aus Bettwerk, Weißzeug, Kleidungsstücken, Möbeln und Hausgerätschaften aller Art meistbietend verkauft»[14]. Die Kinder, die nicht zum Sterbelager hatten kommen dürfen, wurden bei Verwandten untergebracht. August zog zu der Tante, die Schlesingers Hospital-Wassermühle in Erbpacht hatte. Hier wurden dem schwächlichen Teenager neue Pflichten aufgebürdet. *Außer ... Eseln besaß meine Tante ein Pferd, mehrere Kühe, eine Anzahl Schweine und mehrere Dutzend Hühner. Und da sie auch Landwirtschaft betrieb, fehlte es nicht an Arbeit, obgleich neben ihrem Sohn ein Müllerknecht – wie damals die Gesellen genannt wurden – und eine Magd beschäftigt wurden. Hatte der Knecht keine Zeit, so mußte ich Pferd und Esel putzen und manchmal auch das Pferd in die Schwemme reiten. Die Sorge für den Hühnerhof war mir ganz überlassen. Ich mußte die Fütterung der Hühner besorgen, die Eier aus den Nestern nehmen, oder wohin sonst diese gelegt worden waren, und den Stall reinigen.* Unter derlei Beschäftigungen rückte Ostern 1854 näher und damit *meine Entlassung aus der Schule, ein Ereignis, dem ich keineswegs freudig entgegensah.* Dieser als Arbeitskraft ausgebeutete Jugendliche war also noch schulpflichtig.

Nicht «eine Vorschule mit Internat, in der die Pestalozzischen Erziehungsideale verwirklicht werden sollten», keine der «Berliner städtischen Schulen mit hohem und wohlverdientem Ansehen»[15] waren es (wie im Fall des Junkers von Bismarck), wo Bebel seine Elementarkenntnisse bezog. *Zunächst kamen wir beide in die Armenschule, die sich in einem großen Gebäude, dem Deutschen Haus, das ehemals den deutschen Ordensrittern gehörte, befand ... Nach einigen Jahren wurde die Armenschule mit der Bürgerschule verschmolzen, wir hießen jetzt Freischüler.* Bebels Behauptung, wonach die *kleine, romantisch gelegene Stadt ... eine ganz vortreffliche Volksschule besaß,* widersprach eine zeitgenössische Eingabe. «Die in sämtlichen Klassenzimmern der evangelischen Knabenschule befindlichen Fenster sind an den Rahmen so durchaus schadhaft geworden, daß viele ohne Gefahr des Zusammenfallens nicht mehr geöffnet werden können, einige sogar der Vorsicht wegen haben zugenagelt werden müssen und eine Reparatur derselben dringend notwendig geworden ist.»[16] Der dem «Wohllöblichen Magistrate mit der ergebensten Bitte» vorgelegte Kostenanschlag wurde von Friedrich Foertsch unterschrieben, dem Oberpfarrer, in dessen Katechismus-Stunde der von seiner freidenkerischen Mutter nicht zur Religion angehaltene Bebel *einigemal Antworten gab, die gar nicht ins Schema paßten und mir kleine Strafpredigten eintrugen.* Dabei war er hier wie in den akademischen Fächern (*neben Rechnen und Geometrie waren meine Lieblingsfächer Geschichte und*

Geographie) mit an erster Stelle. Ein Lohn für seine Leistungen war, daß der Mathematiklehrer ihm und zwei anderen Kameraden einen sonst nicht vorgesehenen Unterricht in Logarithmenrechnung gab. Dennoch bekam Bebel bei der öffentlichen Abschlußprüfung[17] keine Prämie, weil er und der *Kumpan bei vielen losen Streichen*, Moritz Karl Christian von und zu Gilsa[18], wegen mangelhaften Betragens einmal die schlechteste Jahreszensur erhalten hatten. Dabei hatte gerade die Fünf Bebel den Entschluß eingeflößt, *ordentlich* zu werden, *das heißt, ich tat nichts mehr, was mir Strafen eintrug.* Nichtsdestoweniger war sein amtliches Strafregister später umfangreich.[19]

«*Ich möchte das Bergfach studieren! — Hast Du denn zum Studieren Geld?*» Mit diesem Dialog zwischen dem Schulentlassenen und seinem Vormund, einem Onkel (Säckler Christian Heinzenberger), begann und endete Bebels Wunsch nach höherem Wissen. So wurde Bebel Handwerker, und zwar Drechsler, weil einerseits Karl Ellenberger, der Mann einer Freundin seiner Mutter, als Verfertiger von echten Neuwieder Holzpfeifen[20] geschätzt war, und weil er andererseits das Waisenkind wegen des gut bestandenen Konfirmandenexamens annahm. Um August, nachdem er nicht mehr zur Sonntagsschule ging, den Kirchgang zu ermöglichen, gab ihm der Meister den Sonntagvormittag frei. Da Bebel aber die Gelegenheit ergriff, *die Kirche zu schwänzen*, und eines Tages bei der Befragung nach dem Kirchenlied und der Predigt gründlich hereinfiel, blieb er fortan in seiner kargen Freizeit auf die Lektüre von Abenteuer- und Geschichtsbüchern sowie auf einen zwei- bis dreistündigen Sonntagabendausgang beschränkt. Gewöhnlich wurde von morgens 5 Uhr bis abends 7 Uhr *ohne eine Pause* gearbeitet. Außerdem hatte der Lehrling seiner Meisterin frühmorgens *viermal je zwei Eimer Wasser von dem fünf Minuten entfernten Brunnen*[21] *zu holen, eine Arbeit, für die ich wöchentlich 4 Kreuzer gleich 14 Pfennig bekam. Das war das Taschengeld, das ich während der Lehrzeit besaß.* Wenn Bismarck einmal erklärte, von der Einführung der Sonntagsruhe befürchte er für die Industrieproduktion wie für den Arbeitslohn einen beiden Seiten gleich unzumutbaren Verlust von einem Siebtel, und Bebel das dreibändige Ergebnis einer anschließenden Umfrage über die Beschäftigung von Arbeitern an Sonn- und Festtagen auf rund 150 Seiten vom sozialdemokratischen Standpunkt kürzte und kommentierte[22], sprach er aus eigener Erfahrung über das wirklich Unzumutbare.

Um das Unglück der ersten Lebensabschnitte vollzumachen, erlag der mit seiner Mutter etwa gleichaltrige Lehrmeister einer Tuberkulose am selben Tag, als Bebel (mit der besten Zensur für sein Gesellenstück) die Lehre beendete. Damit wurde er vorübergehend — Geschäftsführer. *Für die Meisterin, die eine auffallend hübsche und für ihre Alter unge-*

Moritz von Gilsa mit seinem Bruder Felix (rechts) und den Eltern

wöhnlich rüstige Frau war, die mich stets gut behandelte, wäre ich durchs Feuer gegangen. Ich zeigte ihr jetzt meine Hingabe dadurch, daß ich über meine Kräfte arbeitete. Von Mai bis in den August stand ich mit der Sonne auf und arbeitete bis abends 9 Uhr und später. Ende Januar 1858 war das Geschäft liquidiert, und ich rüstete mich zur Wanderschaft. Als ich mich von der Meisterin verabschiedete, gab sie mir außer dem fälligen Lohn noch einen Taler Reisegeld. Der Memoirenschreiber hat offenbar vergessen: einen weiteren Taler Zehrgeld, 7½ Silbergroschen für ein Wanderbuch und die Ausrüstung (ein Rock, eine Hose, eine Weste, eine Kappe, ein Paar Stiefel, zwei Hemden, zwei Paar Strümpfe, zwei Sacktücher, zwei Halstücher und das all diese Reichtümer bergende Felleisen). Stifter war der J. D. Winklersche Waisenfonds, zu dessen Direktoren Foertsch gehörte. Er hatte sich auch um die Unterbringung der Verwaisten, die Anschaffung und Instandsetzung ihrer Garderobe und eine Reduktion des durch ihn bezahlten Lehrgelds auf 60 Taler einschließlich Verpflegung gekümmert.[23] Der am 1. Februar 1858 im Schneesturm abmarschierende Wanderbursch war der Schützling einer christlichen Gemeinde.

Eine geschwisterliche Geste verschönte den einsamen Abmarsch. Carl Julius, damals noch Lehrling beim Schreinermeister Friedrich

21

Rieß, begleitete den Bruder *ungefähr eine Stunde Weges*. Sie hatten schon manches Bittere miteinander geteilt. *Viele Jahre* hatte ihr *Abendessen* aus *einem mäßig großen Stück Brot, das mit Butter oder Obstmus dünn bestrichen war*, bestanden. Hatten sie danach über Hunger geklagt, dann war die automatische Antwort gekommen, man müsse zuweilen den Sack zumachen, auch wenn er noch nicht voll sei. Es war deswegen nicht ausgeblieben, daß sie sich *heimlich ein Stück Brot* genommen hatten. Doch das war stets von der Mutter entdeckt und geahndet worden. Eines Tages hatte August *dieses Verbrechen begangen*, und es war herausgekommen, *trotz aller Mühe . . . den glatten Schnitt der Mutter nachzuahmen*. Der Verdacht war auf den Jüngeren gefallen, *der sofort mit der breiten Seite eines langen Bürolineals, das aus der Väter Nachlaß stammte, ein paar Schläge erhielt*. Als er seine Unschuld beteuert hatte, war das *als Lüge* angesehen und mit einer zweiten *Portion* gesühnt worden. Da hatte August sich als Schuldiger stellen wollen. Aber hatte der Bruder die Schläge nicht schon weg, und würde es für den wahren Täter nicht noch ärgere setzen? Damit hatte Carl Julius sich abfinden müssen. Nun war die Abschiedsstunde da. Zum erstenmal sah August den Zurückbleibenden hemmungslos weinen; es sollte ihr letztes Familienerlebnis sein. Bevor August heimkehrte, starb der ledige Tischlergeselle im Limburger St. Vinzenz-Hospital *binnen drei Tagen* an *Gelenkrheumatismus*[24]. Noch ehe seine Ausbildung beendet war, wurde der Fortziehende dadurch *der Letzte von der Familie*.

EIN SELFMADEMAN

Wie einst die Mutter bei ihrem Weggang von Wetzlar, wählt Bebel als nächstes Ziel Frankfurt am Main. Zwei Tage darauf fährt er mit einem Zug, der statt Fenster noch Barchentvorhänge hat, nach Heidelberg. Erst nach einem zusätzlichen Wartetag kommt hier das überall erforderliche Visum ins Wanderbuch. Dann macht er sich nach Mannheim auf und von da nach Speyer, wo es ihm gelingt, eine (schlecht bezahlte) Arbeitsstelle zu finden. Andererseits ist die Behandlung gut *und das Essen ebenfalls und reichlich*. Doch schlafen muß der Geselle in der Werkstatt. Kein Wunder, daß er im Frühjahr die *Walze* wiederaufnimmt – durch die Pfalz über Landau nach Germersheim und über den Rhein zurück nach Karlsruhe und landaufwärts über Baden-Baden, Offenburg, Lahr nach Freiburg im Breisgau. Bei dem dort, an der Kaiserstraße neben dem Burseneingang, wohnenden Drehermeister Karl Grünling bekommt Bebel neue Arbeit. Allerdings muß er sich wieder

Bebels Wanderbüchlein

mit einem in der Werkstattecke aufgeschlagenen Bett begnügen. Als
Entschädigung winkt die wohl vom Meister, einem Kolping-Vereinsmitglied, vermittelte Gelegenheit, sich mit Gleichgestellten zusam-
menzutun, auch wenn sie eine andere Konfession haben.

Eine Hauptsache beim Eintritt in den Freiburger Kolping-Verein (er
haust in einem Bierkeller am Schloßberg[25]) ist die im Vereinszimmer
ausliegende *Anzahl allerdings nur katholischer Zeitungen*, aus denen
ein Unbemittelter wenigstens erfährt, was in der Welt vorgeht. Für
den, der schon am Ende der Schulzeit und erst recht während der Lehrzeit, als der Krimkrieg wütet, von Politik fasziniert wird, ist das mindestens so anziehend wie die von der Gesellenvereinigung gebotenen
Vorträge und der *Unterricht in verschiedenen Fächern,* zum Beispiel im

23

Freiburg im Breisgau, vom Schloßberg aus

Adolf Kolping
Gründer der katholischen
Gesellenvereine.
Denkmal von
Johann Baptist Schreiner,
Köln

Französischen. Dem lernbegierigen Bebel gelten derartige Gesellschaften wegen ihrer pädagogischen Funktionen als *eine Art Bildungsvereine*. Er scheint sie noch nachträglich zu rechtfertigen, wenn er als angeklagter sozialdemokratischer Organisator (mit einer den Umständen angemessenen Ausschließlichkeit) erklärt: *Ich habe für die Organisation der Massen nur um deswillen gewirkt, weil der kleine Handwerker und Arbeiter nicht die Geldmittel besitzt, sich die Bildung, welche er braucht, zu verschaffen, da er sich weder Zeitungen halten, noch Bücher kaufen kann. Was der Kraft des Einzelnen nicht möglich, kann aber durch die Organisation erreicht werden.*[26] Professor Alban Stolz, Präses der Freiburger Gruppe, deren Toleranz Bebel, der Protestant, genießt, schätzt dagegen einen anderen Aspekt.

«Die jungen Handwerker», schreibt Stolz in seinem Erinnerungsbuch «Nachtgebet meines Lebens», «werden dadurch vom Besuch gemeiner Bierlokale abgehalten, folglich auch von dem Anhören unzüchtiger Reden und Lieder und Spott oder Lästerung gegen das Religiöse. Die Mitglieder des Vereins, wenn sie an Sonntagabenden beisammen sind, unterhalten sich heiter, hören auch manches Erbauliche; und schon der Umstand, daß ein Geistlicher die Vorstandsstelle dabei hat, erhält die jungen Leute in der Anhänglichkeit zur katholischen Kirche.» Das Fortbilden in besonderen Unterrichtsstunden möge auch ganz gut sein, sei jedoch keine Hauptaufgabe. Das Leben bilde besser als «das unaufhörliche theoretische Schulmeistern»[27]. Daß Bebel in *Aus meinem Leben* neben dem geistlichen Vorstand den *Altgesellen* erwähnt, der, von den Vereinsmitgliedern gewählt, die Mitgliedschaft *repräsentiert* und *nach dem Präses die wichtigste Person* ist, zeigt seinen ausgeprägten Sinn für das demokratische Element.

Zum dritten Arbeitsplatz gelangt der protestantische Mitläufer des heiligen Josef (des Schutzpatrons der Kolping-Anhänger) auf abenteuerlichen Umwegen. Im September 1858 von Freiburg aufbrechend, wandert er *bei herrlichstem Wetter* durch das Höllental über den Schwarzwald nach Neustadt, Donaueschingen und Schaffhausen. Ein von ihm erwünschter Aufenthalt in der Schweiz wird dem preußischen Untertan von der preußischen Botschaft in Karlsruhe schon deshalb versagt, weil *Handwerksburschen republikanische Ideen in sich aufnehmen können*. Deshalb geht Bebel auf der schweizerischen Seite nach Konstanz, fährt per Schiff über den Bodensee nach Friedrichshafen, wobei er *infolge eines Sturmes seekrank* wird, und setzt die Reise zu Fuß über Ravensburg, Biberach, Ulm, Augsburg nach München fort. In Württemberg kriegen die durchreisenden Handwerker, *um sie vom Fechten abzuhalten*, ein *sogenanntes Stadtgeschenk*. Bebel und sein Weggenosse bis Dachau bemühen sich jedoch um beides, manchmal mit tragikomischen Zwischenfällen. Er erlebt die September- und

Das Theater in Regensburg

Oktoberfestlichkeiten zum 700. Jubiläum der bayerischen Hauptstadt in der Drechslergesellenherberge, die gerade in die Wirtschaft «Zum Spöckmaier», das heißt in die Münchner Rosengasse, verlegt worden ist, aber er findet keinen Arbeitsplatz. Als Steuermann auf einem Isarfloß verdient er sich die Kosten der Weiterfahrt bis Moosburg.

In Regensburg, wo er sich am 7. November 1858 ins Gesellenbuch der Drechsler einträgt[28], kommt Bebel endlich unter, und zwar bei dem in der heutigen Weißen Hahnengasse 2 wohnenden Drechslermeister Georg Gottlieb Schindler. Am 5. Dezember wird dem Neuankömmling die erste öffentliche Funktion, das Orten- oder Irtenamt der Gesellen, übertragen; er muß vier Wochen lang jedem eintreffenden Drechslergesellen den «Willkomm» reichen. Geistige Anregungen gehen jetzt vom Theater aus, bei dessen Sonntagsabend-Vorstellungen Bebel meist mit *einem gleichfalls zugereisten Kollegen aus Breslau* namens Moritz Geiß auf dem Olymp sitzt. Eine Wochenvorstellung schafft man als Arbeitender nur durch Vorrücken der Stubenuhr, eine List der «Preißen», die freilich dem Meister nicht entgeht.[29] Streit mit ihm, der *in ganz Bayern als der größte Grobian bekannt ist*, veranlaßt Bebel *trotz Kälte und Schnee* genau ein Jahr nach dem Aufbruch aus Wetzlar zum Weiterziehen. Über München, wo Bebel wieder vergebens Arbeit sucht, führt der Weg nach Rosenheim und von der letzten bayerischen Station per Bahn nach Kufstein. Die österreichischen Grenzbeamten, die von den Handwerksburschen den Nachweis eines nicht vorhandenen Reisegelds verlangen, werden gefoppt, indem der Reisende, mit

26

extrafein gesäuberten Kleidern und Stiefeln und durch einen aufgesteckten *weißen Kragen* einen Gentleman vortäuscht. *Bei starker Kälte und meterhohem Schnee* wird Tirol durchquert. Das Betteln an den Haustüren ergibt diesmal eine merkwürdig reiche Beute, doch die Münzen werden in Kürze wertlos. So prägt sich dem künftigen Volkstribun auf Schritt und Tritt das Los der Armen ein.

Auch im österreichischen (und damals *noch deutschen*) Salzburg, dem letzten längeren Aufenthalt während der Wanderjahre, sind die Löhne *wie überall in der Drechslerei* niedrig. Dazu ist die Arbeit infolge des Kriegs (*Krieg zwischen Österreich auf der einen und Italien und Frankreich auf der anderen Seite*) knapp, und als Jüngster befürchtet Bebel für Neujahr 1860 die Kündigung. Was soll dann aus der Abzahlung des Winterrocks werden, den er sich im Spätherbst leistet und für dessen wöchentliche Raten er nicht nur spart, sondern darbt? Ein Glück, daß Meister und Meisterin im Schatzdurchhaus[30] den jungen Gesellen bis zur Heimreise zu behalten versprechen. Ablenkung bietet hier wieder die Politik. Bebel ist *über die politischen Ereignisse so aufgeregt,* daß er sonntags nicht aus dem Café «Tomaselli» geht, bis er *fast alle Zeitungen gelesen* hat. Ja, er ist engagiert genug, um *als guter Preuße* die abwartende Haltung der eigenen Regierung zu verteidigen, und muß *mehr als einmal* den Wirtshaustisch verlassen, weil er keine *Tracht Prügel von den Österreichern,* die in diesem Abwarten Verrat wittern, einstecken will.

Es wäre nicht das erste Mal, daß der übrigens auch vom Kantor Franke in Wetzlar häufig Geohrfeigte für seine patriotische Gesinnung Schläge bekäme. Während der *Bewegungsjahre* (1848/49), wo *alles für Freiheit und Gleichheit* schwärmt, haben die Bauern im Kreis Wetzlar sich *zu Tausenden* zusammengerottet. Mit Flinten, Äxten, Sensen, Forken und Heugabeln sind sie vors Schloß des Fürsten Friedrich Wilhelm Ferdinand von Solms-Braunfels gezogen, um *allerlei aus der Feudalzeit übernommene Verpflichtungen* loszuwerden. Als 1849 Wilhelm, Prinz von Preußen, nachmals Kaiser Wilhelm I., mit dem Kommandeur des 8. rheinischen Armeekorps, General Karl Ulrich Friedrich Wilhelm Moritz von Hirschfeld, auf einer Inspektionsreise auch Wetzlar berührt, ist ein Bauer mit seinem Jauchewagen peinlich aufgefallen.[31] Johann Anton Bingmann, Bebels Verwandter, hat sich sogar *bei einer Gelegenheit* zum *Sturmläuten* fortreißen lassen und ist dafür zu zehn Jahren Zuchthaus verurteilt worden, von denen er allerdings nur drei absitzen mußte.[32] Andere Verwandte gehörten damals zur Bürgerwehr. Doch der acht- bis neunjährige August hat bloß *ein Gefühl der Geringschätzung* dafür übriggehabt, *und zwar wegen der mangelnden militärischen Haltung, mit der sie ihre Übungen vornahm.* Mit einem einzigen Kameraden (dem Sohn des Generalmajors Friedrich Wilhelm

Freiherr von und zu Gilsa) hat er gegen die republikanisch eingestellten Mitschüler aufgemuckt. *Dafür wurden wir beide mit einer Tracht Prügel bedacht.* So war es vor einem Jahrzehnt, und als Neunzehnjähriger steht Bebel noch immer im Bann der vom ersten und zweiten Milieu empfangenen Leitbilder. Als er schließlich freiwillige Kriegsdienste leisten will, wird der Nichttiroler abgelehnt. Den Entschluß, sich zum selben Zweck in der Heimat zu stellen, vereitelt der Friede von Villafranca.

Die 6 Taler Reisegeld, die der Vormund dem bei der regulären Wetzlarer Militäraushebung um ein Jahr zurückgestellten und bei der nächsten Musterung in Halle a. S. als *militäruntauglich* entlassenen Kriegsdienstfreiwilligen zugeschickt hat, erleichtern die Ende Februar 1860 begonnene, zwei Wochen dauernde Fußtour in die Heimat. Da er dort keine Arbeit findet, nimmt Bebel mit einem auswärtigen jüdischen Drechslermeister vorlieb. Nathan Simons auf einen großen Hof hinausgehende Werkstatt liegt im dritten Haus links der Judengasse (heute Hirschgasse) am einige Meilen von Wetzlar entfernten Butzbacher Marktplatz. Nach einem Monat verlocken drei Schulfreunde *mit dem Berliner auf dem Rücken* Bebel, gemeinsam mit ihnen in Sachsen etwas Besseres zu suchen – eine folgenreiche Anregung. Er holt die schon Vorausgegangenen noch vor Thüringen ein und zieht mit ihnen (über Ruhla) nach Eisenach, Gotha und Erfurt, Orte, die einmal Meilensteine auf dem Weg der Sozialdemokratie sein werden.

Mit der Bahn (die Reisegefährten haben wunde Füße) kommt Bebel am 7. Mai 1860, abends 11 Uhr, in Leipzig an, wo er sich nach der Herberge in der Großen Fleischergasse durchfragt und am nächsten Tag eingestellt wird. *Traf ich 24 Stunden später in Leipzig ein, so wäre die Stelle von einem anderen besetzt worden.* Ein Augenblick des Glücks, der ihn nach Sachsen gebracht hat, entscheidet also erneut über seine Zukunft. Er kommt in eine Werkstatt, die ein halbes Dutzend Gesellen und einen Lehrling beschäftigt. Mit einer *gemeinsamen Beschwerde bei dem Meister* wegen des schlechten Morgenkaffees und des *an Quantität und Qualität äußerst mangelhaften Mittagessens* beginnt ihr Aufbegehren. Der Meister, dem man mit Streik droht (das Wort selbst ist allerdings noch unbekannt), ist *äußerst betreten.* Ihm schmeckt das Essen. Er ahnt nicht, daß ihm bessere Kost vorgesetzt wird. Nach etlichem Verhandeln ist er mit einer von ihm beglichenen Selbstbeköstigung einverstanden. Durch *hartnäckiges Liegenbleiben im Bett* erreichen die sieben Aufsässigen, daß die Arbeit statt früh um fünf «erst» um sechs beginnt. Als nächstes wird *Stückarbeit* (Akkord) durchgesetzt, zum Erstaunen des Meisters mit beiderseitigem Vorteil. Endlich drücken Bebel und Genossen auch *das Wohnen außer dem Hause* durch. Man muß eben nicht unbedingt das «Kommunistische

Drechslergeselle August Bebel, 1863

Manifest» von anno 1848 studiert haben, um seinen eigenen Klassenkampf zu führen.

Binnen kurzem aber wird aus dem ausgebeuteten Saulus ein ausbeutender Paulus. Die Begründung, die Bebel in seinen Memoiren dafür anführt, daß er zunächst in den Stand der Großeltern zurückkehrt, hat viel für sich. Ab 1861 betätigt sich der Lernbeflissene im Gewerblichen Bildungsverein. Im nächsten Jahr, als Bismarck preußischer Ministerpräsident wird, gehört er bereits zum leitenden Ausschuß, und schließlich wird er Vorsitzender der dann Arbeiterbildungsverein genannten Organisation. Bebels Seßhaftigkeit fördert diese Kontinuität. Außerdem verlobt er sich im Herbst 1864 mit der Tochter eines Streckenarbeiters, Johanna Carolina Henriette (Julie) Otto, die in einem Leipziger Damenputzgeschäft arbeitet. Um mit ihr einen Hausstand zu begründen, ist es das Gegebene, sich selbständig zu machen. Doch der Anstoß kommt auch diesmal von außen. Bebels Boss, der von den unternehmerischen Plänen Wind bekommt und einen Konkurrenten abschütteln will, kündigt unter einem Vorwand zum Jahresende 1863. Vors Nichts gestellt, reist der Entlassene tatsächlich ab – nach Wetzlar, wo er die restlichen Familienparzellen zu Geld macht.

Der Erlös verschafft Bebel in Leipzig *ein Werkstattlokal mitten in der Stadt, im Hof eines Kaufhauses, das eben aus einem Pferdestall in einen Arbeitsraum umgewandelt worden* ist. Ein bescheidener Anfang; der Raum hat nicht einmal einen Kamin. Vorerst geht daher *wider alle polizeiliche Vorschrift mein Ofenrohr durch das Fenster in den Hof.* Der umgebaute Stall dient auch als Schlafraum, was im sächsischen Winter härter ist als im wärmeren Klima West- und Süddeutschlands. Um die Ausgabe für die andernfalls unerläßliche Naturalisation und Einbürgerung zu sparen, wird das Geschäft zunächst *unter der Firma eines befreundeten Bürgers* angemeldet. Das *Schuldenmachen* beginnt erst im Jahre 1866, als die Eheschließung unumgänglich wird. Hierzu der Parteifreund Franz Mehring zum 70. Geburtstag Bebels: «Wir wissen nicht, ob Genosse Bebel jemals zehn Mark Schulden gehabt hat, aber wir fürchten, daß, wenn er sie gehabt haben sollte, ihm dadurch die Ruhe seiner Nächte wesentlich beeinträchtigt worden wäre.»[33]

Der neugebackene Kleinmeister bemüht sich, das Personal (zunächst ein einziger Lehrling, nach ein paar Monaten auch ein Gehilfe) nicht so arg auszubeuten wie die Klassengenossen. Er zahlt einen halben Taler mehr Wochenlohn und läßt eine Stunde weniger arbeiten, statt elf «nur» zehn Stunden. Doch als der Geselle Einblick ins Geschäft erhält, kündigt er seinerseits, um eine Konkurrenzfirma zu gründen. Da Bebel nicht genug Betriebskapital besitzt, liefert er seine Ware notgedrungen gegen Barzahlung *zu einem Preis, der nur wenig höher als die Selbstkosten* liegt. Zudem wird er öfter mit *Coupons irgendeines*

industriellen Unternehmens, *die noch nicht fällig* sind und mit geklipp-
ten Dukaten bezahlt, die der Bankier ihm unter dem Nennwert gut-
schreibt. Bald tritt ein Boykott des politisch aktiven Drechslers seitens
der übrigen Unternehmer hinzu. Hätte er nicht für seine Artikel (*Tür-
und Fenstergriffe aus Büffelhorn*) außerhalb Leipzigs *einen kleinen
Kundenkreis*, wäre er schon Ende der sechziger Jahre bankrott. Als er
im Winter 1870/71 eine *hundertzweitägige Untersuchungshaft*
durchmachen muß, versiegen die Aufträge ganz, während die Löhne
natürlich weiterlaufen.

Wie durch ein Wunder eilen die Reparationen, die das siegreiche
Deutschland dem geschlagenen Nachbarland aufzwingt, Bebel zu Hilfe. Während der mehrjährigen Prosperität fliegen ihm die Bestellungen
von selbst ins Haus. Als Bebel im Frühjahr 1872 mit seinem politischen
Lehrmeister, Wilhelm Liebknecht, wegen Vorbereitung zum Hochverrat eine zweiundzwanzigmonatige Festungshaft antritt und danach
neun Monate Gefängnis wegen Majestätsbeleidigung, läuft die Fabri-
kation unter Julies Oberaufsicht *mit einem Werkführer, sechs Gehilfen
und zwei Lehrlingen* weiter. Ihren Bruder, *Maschinenfabrikant* Albert
Otto, kann Bebel als Deckadresse angeben, was Friedrich Engels nicht
abhalten wird, sie als «echte und rechte deutsche Proletarierfrau»[34]
anzureden. Die Geschäftskorrespondenz der Firma, die nach Bebels
Wort *noch immer keine Seide spinnt,* bei einem Jahresbedarf von 100
Zentnern Rohstoff aber kein Zwergunternehmen mehr ist, erledigt der
Chef in einem Kontor hinter Gittern. Erst *die schwere Krise* von 1874
bedroht die Firma.[35] Bebel spielt mit dem Gedanken, die industrielle
Karriere aufzustecken und als Funktionär ein weniger risikoreiches
Dasein zu führen.

Zwei persönliche Kontakte helfen Bebel, das soziale Abgleiten zu
vermeiden. Den einen verdankt er dem *Zufall,* daß er *in der Person
eines Parteigenossen,* des Kaufmanns Ferdinand Issleib aus Berka
a. d. W., einen Sozius auftreibt, der zu *den materiellen Mitteln ... die
nötigen technischen Kenntnisse* hinzuerwirbt. Den andern gewinnt er
in der Person eines Sozialdemokraten, dessen Leistung als Großkauf-
mann eigenartigerweise noch nie hinreichend gewürdigt worden ist[36]
– Friedrich Engels. Man lese den seitenlangen Brief, der diesem Anfang
September 1874 aus dem Zwickauer Landesgefängnis zugeht[37], und
vergegenwärtige sich die kommerzielle Versiertheit, mit der Bebel
schreibt. *Es ist viel Mühe, welche ich Ihnen zumute,* so verbindet er
seine Ausführungen über *billigeres Rohmaterial,* zusätzliche internationale Exporte, *Façons* und *Preiskuranten* geschickt mit dem Gesichts-
winkel der Partei, *aber ich bin überzeugt, Sie unterziehen sich derselben gern; denn gelingt es mir, eine unabhängige Stellung in geschäftli-
cher Beziehung zu schaffen, kann ich um so ungehinderter auch für die*

31

Partei eintreten. Es ist die Argumentation, die Engels selbst zwanzig Jahre in der Textilbranche festgehalten hat, um sich und seinem Freund Karl Marx eine materielle Basis zu erringen. Wie sollte sie nicht der «einzigen Erscheinung innerhalb der deutschen (man kann sagen innerhalb der ‹europäischen›) Arbeiterklasse»[38] zukommen, dessen unternehmerische Dynamik schon dadurch demonstriert wird, daß er noch am Tag seines *Auszugs* aus Zwickau in ein neues Leipziger Fabriklokal einzieht, *das mir die Ausdehnung und die Reorganisation meines Geschäftsbetriebs ermöglicht.* Dann *gilt es zu rennen und zu jagen, um die Konkurrenz aus dem Felde zu schlagen.*

Den Gipfel seines Fabrikantendaseins erreicht Bebel im Herbst 1876. Er bezieht *eine kleine Fabrik mit Dampfbetrieb, in der jetzt auch die Herstellung der betreffenden Artikel aus Bronze* erfolgt, nach Überwindung der Krise mit bestem Erfolg. Bebels *Haupttätigkeit* wird nun der Kundenbesuch, dessen politische Auswertung der Partei während der bald darauf einsetzenden antisozialistischen Gesetzgebung sehr zustatten kommt. Als er aber 1881 aus dem Bannbezirk Leipzig ausgewiesen wird und im Jahr darauf seine Fabrikate vergeblich der Bayerischen Landes-, Industrie-, Gewerbe- und Kunstausstellung anbietet, löst er im Herbst 1884 die kaum noch zu rechtfertigende Partnerschaft gegen eine Abfindung auf, deren Zinsen ihm ermöglichen, gute drei Monate im Jahr nichts zu verdienen. Er arbeitet fortan als Reisender und Schriftsteller, um sich dann fünf Jahre später—müde, *den Commis voyageur zu spielen*[39] — ganz von sozialpolitischer Schriftstellerei zu ernähren. Bebel und Familie (1869 wird ihm eine Tochter beschert, Bertha Friederike) bewohnen seit 1884 die «sehr anständig»[40] ausgestattete erste Etage einer Villa in Plauen bei Dresden. 1890 wird — wegen Bebels Tätigkeit im Reichstag—Berlin-Schöneberg zum ständigen Wohnsitz erwählt, wobei das «prachtvolle Vorderzimmer»[41] wie das Vorhandensein von zwei Toiletten und elektrischer *Beleuchtung des Korridors und des Bads*[42] abermals auf eine gutbürgerliche Wohnung weisen. Nach dem Tod seiner Frau will sich Bebel hier mit zwei Zimmern bescheiden, doch meinen die Kinder (Frieda hat 1891 den Arzt Dr. Ferdinand Simon geheiratet), *das sei doch gar zu proletarisch. Ich steige also eine Stufe höher*, scherzt der Vater, *und behalte drei*[43]. Schon lange vorher verbringt er «den größten Teil des Jahres in seinem Haus am Züricher See»[44]. Hier gehört ihm nämlich ein *Villengrundstück* mit einem rund 50 Ar großen Obst-, Wein- und Blumengarten und *äußerst solid gebautem und bequem eingerichteten Wohnhaus, das vierzehn Zimmer, mehrere geräumige Küchen, zwei Badezimmer, eine Anzahl Kammern, Veranden und Balkon, Gaseinrichtung und Hauswartwohnung hat, ferner Badehaus und Bootsplatz am See*[45]. Er versucht die 1897 vom Architekten Oberländer für ihn erbaute «Villa

Der Teilhaber der Firma Issleib und Bebel (mit Familie)

Julie», die er 1904 für 118000 Franken seinem Schwiegersohn verkauft, schon 1903 abzustoßen. Nun erbt er von dem Ulmer Leutnant Kollmann genug, um dessen entrüsteten Verwandten (sie erklären den Erblasser für verrückt) 132 000 und streikenden Berliner Elektrikern 45 000 Goldmark zu schenken.[46]

Bebel räumt ein, *daß zum Beispiel in der sozialdemokratischen Reichstagsfraktion kein wirklicher Arbeiter sitze*[47]. Doch die sozialistische Welt nimmt kaum Kenntnis davon, ob er nun bei der Wahl von

1890 als «Drechslermeister-Schriftsteller» oder 1913 noch als «Arbeiter»[48] bezeichnet wird. Der Legende macht es nichts aus, in gleichem Atemzug von «Bebel, dem Proletarier und Sohn des Volkes» zu sprechen, der den Wetzlarern 25 000 Mark hinterlassen habe.[49] Die beachtlichen Geldhilfen, die er seinem Schwiegersohn und dessen Mutter, ja selbst *sehr fernen Verwandten von Julie* zugehen läßt[50], und die aus der Korrespondenz ersichtlichen Aufwendungen für ärztliche Pflege und Erholungsreisen sind weitere Beweise gegen die Sage vom Proletarier Bebel. Sie wird sogar von ihm selbst widerlegt, wenn er erzählt, wie er eine Woche *in einer der nobelsten Sommerfrischen* zubringt und dabei inkognito in einem Hotel logiert, wo *nur englische Lords, französische Marquis und ähnlich Volk*[51] wohnen.

Es geht hier jedoch nicht um eine sozialgeschichtliche Berichtigung. Bebels ständiger Aufstieg aus dem deklassierten, für die Proletarisierung reifen Kleinbürgertum zur mittleren, wo nicht gar oberen Mittelschicht ist eher ein Plus für die in der Sozialdemokratie organisierte, klassenbewußte, industrielle Arbeiterschaft der dörflichen und zunehmend auch der städtischen Bezirke. Aus eigener Kraft erreicht der einzelne (wie es in der Stellungnahme zur Sozialstruktur der Reichstagsfraktion heißt) nicht viel, *weil jeder Arbeiter, der für die Sozialdemokratie öffentlich tätig ist, sofort aufs Pflaster fliegt. Entweder er*

Die Polizei überwacht Bebels Geschäftsreisen. Eintragung vom 13. April 1882

Die Firma Issleib und Bebel im Handelsregister, 1883

Heinrich Israel Leinwandfabrik.	Carl Heinrich Israel.	Walddorf	181
Israel & Jeremias	Johann Gottfried Israel. Carl August Jeremias.	Alteibau	173
Issleib & Bebel Thür- u. Fenstergriffe in Horn und Bronze, Dampfdrechslerei u. Giesserei	Valentin Jul. Adolph Ferd. Issleib. Johanne Caroline Julie verehel. Bebel. *Ferdinand Aug. Bebel.*	Leipzig	3786
Georg Itzig Getreide-Commiss.- u. Agent.-Geschäft	Georg Siegmund Itzig.	Leipzig	3867

Fabrikanten-Familie Bebel

schweigt, oder die Partei, die Agitatoren, Redakteure, Verwaltungs-
leute nötig hat, gibt ihm eine Stelle. Wie sollten da die Unterdrückten
nicht dem nachfolgen, dessen Größe darin besteht, sich mit den besten-
falls schneckenlangsam Vorwärtsrückenden zu identifizieren, obwohl
er sie weit überflügelt hat? So wie das politisch mit *Eunuchentum*[52]
geschlagene Bürgertum Deutschlands die Führung des Aristokraten
Bismarck akzeptiert, wird der erfolgreiche Mittelständler Bebel als
«Arbeiter-Bismarck» zum Kopf des deutschen Proletariats.

35

Bebels Berliner Visitenkarte

NACH LINKS

Der «Drechslermeister-Schriftsteller» war nicht immer erfreut darüber, wie die Presse seine Publikationen aufnahm. *Die skandalöse Art, wie der «Vorwärts» den ersten Band behandelte, laß ich mir nicht mehr gefallen*, schrieb er einen Monat vor dem Erscheinen des zweiten Bandes seiner Erinnerungen. *Da druckte er im Feuilleton ein Stück aus dem Buch ab und fertig war's. Das war einfach gemein.*[53] Wer *Aus meinem Leben* über die schon behandelten Kapitel hinaus liest, wird vielleicht weniger über die Gemeinheit des sozialdemokratischen Parteiblatts als über die Fähigkeit dieses Autodidakten nachsinnen, ein mehrbändiges Werk abzufassen. Dazu besaß der herzkranke Siebziger, der an Gewichtsschwund litt, nicht einmal die erforderliche physische Kraftreserve. Bald darauf war sie völlig aufgezehrt.[54] Dennoch sind die nächsten 175 Seiten, die mit dem Eintritt in die Arbeiterbewegung beginnen, thematisch so interessant, daß wir das Geröll der langatmigen Erörterungen und formlos eingestreuten Briefdokumente beiseite räumen und die Kernstücke des Berichts herauslösen wollen, um mit ihrer Hilfe Bebels langen Weg zum «Marxismus» zu verfolgen.

Eines Tages las ich in der demokratischen «Mitteldeutschen Volkszeitung», auf die ich abonniert war ... die Einladung zu einer Volksversammlung zur Gründung eines Bildungsvereins. Die Versammlung tagte (neun Monate nach Bebels Ankunft) in einem Leipziger Gartenlokal und war, als er den «Wiener Saal» betrat, derart überfüllt, daß er nur mit Mühe auf der Galerie Platz fand. Das Hauptreferat hielt der Nürnberger Ingenieur Dr. Heinrich Hirzel, Präsident der Polytechnischen Gesellschaft, die *einen Gewerblichen Bildungsverein als zweite Abteilung* plante, *weil Arbeitervereine auf Grund des Bundestagsbeschlusses von 1856 in Sachsen nicht geduldet würden.* Hiergegen wurde sofort Widerspruch angemeldet. Er kam zunächst von einem Professor der Forstakademie, dem Naturforscher Emil Adolf Roßmäßler. «Er war freireligiös und huldigte einer naturwissenschaftlich fundierten Idee des Fortschritts.»[55] Dann sprachen zwei radikalere Handwerker *und verlangten volle Selbständigkeit des Vereins, der ein politischer sein müsse.* Das noch recht zahme ehemalige Kolping-Vereinsmitglied war zwar damit *nicht einverstanden, aber es imponierte mir, daß Arbeiter den gelehrten Herren so kräftig zu Leibe rückten.* Aus natürlichem Klassenbewußtsein wie aus persönlichem Ehrgeiz wünschte der Drechslergeselle wohl, *auch so reden zu können.* Vorerst trat er mit den zunächst erfolglosen Opponenten dem neugegründeten Verein bei. Selbst aus dem Rückblick empfand er ihn noch als *Musteranstalt.*

Was war so musterhaft an diesen zahmen Anfängen der von der Reaktion zerschlagenen Arbeiterbewegung? Es gab hier Unterricht *im Englischen, Französischen, in Stenographie, gewerblicher Buchführung, deutscher Sprache und Rechnen.* Ferner *wurde eine Turn- und Gesangabteilung gegründet,* mit dem Bassisten Bebel, der auch Buchhaltung und Kurzschrift lernte, um sich technisch auf eine berufliche Karriere vorzubereiten. Sodann stand für die Behandlung wissenschaftlicher Themen eine stattliche Zahl mehr oder minder diplomierter Fachleute zur Verfügung, darunter der Chemiker Dr. Otto Dammer, der künftige Vizepräsident des Allgemeinen Deutschen Arbeitervereins, «dieser ersten politisch selbständigen deutschen Arbeiterorganisation seit dem Bund der Kommunisten»[56]. Daneben wirkten dort jene deutschkatholischen[57] Oppositionellen, die Bebel so imponierten: der Zigarrenmacher Friedrich Wilhelm Fritzsche, der später mit Bebel und Liebknecht die innerdeutsche Redaktionskommission des illegalen Züricher «Sozialdemokrat» bilden sollte, und der Schuhmacher Julius Vahlteich, später sozialdemokratischer Reichstagsabgeordneter, bis er mit Fritzsche, angewidert vom internen Parteihader, in die USA emigrierte. Jetzt war er «das Lieblingskind der ‹Mitteldeutschen Volkszeitung›», schien er doch «den Typ des aufstrebenden Handwerksmeisters zu repräsentieren», der bewies, «wie der Arbeiter durch Fleiß und Bildung Achtung und Bürgerrecht erwirbt»[58]. Nach einjährigem Bestehen des Vereins hielt Vahlteich bereits eine ausgesprochen politische *Festrede. Er forderte das allgemeine Stimmrecht.*

Bebel, zum Vorsitzenden der Abteilungen Bibliothek und Vergnügungen im vierundzwanzigköpfigen Ausschuß des 500 Mitglieder fassenden Vereins bestimmt, sollte nur vorübergehend diesen «linken» Einflüssen ausgesetzt sein. Nach einem *heftigen, vielstündigen Redekampfe*, in dem er für drei Viertel der Mitgliedschaft, gegen das übrige Viertel der *Opposition*, auftrat, die *den Unterricht aus dem Verein verbannen wollte*, machte sie sich als «Verein Vorwärts» selbständig. Als im Herbst 1862 die Frage eines «überregionalen allgemeinen deutschen Arbeitertags» aufgeworfen und Bebel in ein für dessen Vorbereitung ernanntes Komitee gewählt wurde, befand er sich erneut Seite an Seite mit den beiden Radikalen. Aber auch das dauerte nicht lang. Schon Anfang November schied er aus dem *Centralcomité* aus. Die dafür angeführten Gründe verrieten die Enge seiner damaligen Perspektive.

Meine Stellung im Gewerblichen Bildungsverein nahm meine Zeit, meine Kraft und mein Interesse im höchsten Maße in Anspruch. Da ich Abend für Abend, falls nicht eine Arbeiterversammlung oder eine Komiteesitzung mich abhielt, im Verein zubrachte, lernte ich die Wünsche und Bedürfnisse der Mitglieder besser kennen als die Vorsitzenden des Vereins. So wurde ich bald der fleißigste Antragsteller in den Ausschußsitzungen und Monatsversammlungen. Meine Anträge konnten fast regelmäßig auf Annahme rechnen. Dadurch wurde mein Einfluß ein großer. Bebel beschränkte sich also auf das Organisieren im kleinen. Er wurde durch seine soziale Position gehemmt, die er 1910 unbedenklich die eines Arbeiters nannte, obwohl er an anderer Stelle aufrichtig genug war, zuzugeben: *... als Arbeiter bezeichnet zu werden, statt als Geselle oder Gehilfe, betrachteten viele als eine persönliche Herabsetzung.* Dazu erklärte er: *Zu jener Zeit war ich aber noch Arbeiter, das heißt ich mußte von morgens 6 bis abends 7 Uhr an der Drehbank stehen mit Unterbrechung von im ganzen zwei Stunden für die Einnahme der Mahlzeiten. So wurde meine allzu große Tätigkeit nach verschiedenen Richtungen auch zu einer Geldfrage.* Er motivierte seine Zurückhaltung: *Außerdem erschienen mir die im Komitee und in den Versammlungen gepflogenen Debatten sehr unklar und zwecklos.* Sie waren immerhin zielgerichtet und deutlich genug, um ihn Anfang 1863 bei einem Stiftungsfest des Dresdner Arbeiterbildungsvereins zu einem Wortgefecht hinzureißen. Er konterte Vahlteichs Trinkspruch zugunsten des umfassenderen und aktiveren «humanitären Wissens» (Geschichte, Naturwissenschaft, Studium der Rechte und Pflichten des einzelnen in Kirche, Staat, Gesellschaft, Volkswirtschaft) mit einem Toast auf die *elementare Fortbildung* einschließende *allgemeine Volksbildung*[59].

Der *Vahlteichschen Provokation* folgte bald eine noch stärkere Herausforderung. Sie stand in den 10 000 Exemplaren einer Druckschrift des schlesisch-rheinischen Revolutionärs Ferdinand Lassalle. *Anfang März 1863 erschien Lassalles Offenes Antwortschreiben an das Zentralkomitee zur Berufung eines allgemeinen deutschen Arbeiterkongresses zu Leipzig.* Auf diesem Kongreß formierte sich die «Vorhut eines Vorläufers der Vorläuferin der heutigen SPD»[60]. Statt sich bescheiden an den linken Flügel des Bürgertums anzuhängen, das Bismarcks Absolutismus damals noch Widerstand leistete, verlangte Lassalle von den Arbeitern, sie sollten eine autonome Organisation aufbauen und das Wahlrecht für ihre eigenen Bedürfnisse fordern und einsetzen. «Blicken Sie nicht nach rechts, noch links, seien Sie taub für alles, was nicht allgemeines und direktes Wahlrecht heißt.»[61] Bebel zeigte zum erstenmal seine Größe und die Befähigung zum demokratischen Führer, indem er *die Schrift in ungefähr zwei Dutzend Exemplaren im Gewerblichen Bildungsverein verteilte, um auch die Gegenseite zu Wort kommen zu lassen.* Denn er stand damals auf der anderen Seite der Barrikade. Wenige Tage zuvor hatte er beim zweiten Stiftungsfest seines Vereins die Festansprache gehalten, *in der ich mich gegen das allgemeine, gleiche, geheime und direkte Wahlrecht aussprach, weil die Arbeiter dafür noch nicht reif seien.* Soviel Selbstbescheidung ging sogar einigen seiner Mitstreiter gegen den Strich.

Mitte April kam Lassalle selbst nach Leipzig. Unter den rund 4000 Personen, die zu seiner Versammlung strömten, war auch Bebel. Er wäre vielleicht auf Lassalles Seite gezogen worden, hätte der Redner — *er sprach fließend, manchmal pathetisch, doch schien es mir, als stöße er leicht mit der Zunge an* — nicht allzu schroff argumentiert.[62] Überbetont wurde nicht nur der Gegensatz zwischen Demokratie und Sozialdemokratie. Auch die zuletzt (1875) in Gotha organisatorisch in sie verschmolzenen Gruppen bekämpften sich mit übertriebener Schärfe. *Als ich einmal in einer Chemnitzer Arbeiterversammlung entdeckte, daß die Lassalleaner, um eine Mehrheit zu erlangen, beide Hände in die Höhe hoben, forderte ich auf: es sollten nunmehr beide Parteien beide Hände in die Höhe heben. Unter großem Jubel wurde der Vorschlag angenommen. Jetzt unterlagen die Lassalleaner.* Nachdem die sächsische Regierung, da das Arbeiterkoalitionsverbot nicht aufrechtzuerhalten war, im Frühjahr 1864 *jenen Bundestagsbeschluß* aufgehoben und der bereits von der Polytechnischen Gesellschaft losgelöste Gewerbliche Bildungsverein wieder mit dem «Verein Vorwärts» fusioniert hatte, errang Bebel die schon vorher eroberte Stellung eines zweiten Vorsitzenden und *bald darauf*, bis zu seiner Inhaftierung 1872, die des ersten. Mit der *fortschreitenden Mauserung seines Vorsitzenden* sperrte die Stadt leider dem *immer mehr nach links* abschwenkenden Verein die Geldzuschüsse.

Diese Radikalisierung ähnelte einer Zeitlupenaufnahme. Auf dem ersten «Vereinstag» der (Lassalle-feindlichen) deutschen Arbeiter- und Arbeiterbildungsvereine vom Sommer 1863 beteiligte Bebel sich in Frankfurt a. M. als Leipziger Delegierter an der Debatte über *Wesen und Zweck* der Bildungsvereine. Dort sprach er – erfolglos – *entschieden dagegen, daß die* öffentlichen *freien Arbeiterversammlungen das Recht haben* sollten, *Vertreter zum Vereinstag zu schicken . . . Es fehlt ihren Teilnehmern die vorbereitende Aufklärung, welche in den Vereinen erzielt wird.*[63] Als der Vorbehalt gegen die nicht vereinsmäßig Organisierten ihm im nächsten Jahr in Leipzig die Aufgabe eintrug, eine anti-Lassallesche Versammlung zu eröffnen, blieb er (vor etwa 5000 Personen) in der eingelernten Rede *elend stecken . . . Ich hätte vor Scham in den Boden sinken mögen.* Er, der eines Tages «das Ohr des Reichstages wie kein anderer»[64] haben sollte, gelobte sich jetzt, *nie mehr eine Rede einzustudieren.*

Entwicklungsfördernd wirkten ebenfalls Bebels weitere Erlebnisse: seine Zusammenstöße mit dem Ministerium und der Polizei; seine stellvertretende Leitung des folgenden, in Leipzig zusammentretenden, von ihm auch vorbereiteten «Vereinstags»; seine Zusammenarbeit im Ständigen Ausschuß des «Vereinstags» mit dem nach links drängenden Duisburger Philosophen und Sozialpolitiker Friedrich Albert Lange[65]; seine Anwesenheit auf dem ersten deutschen Frauenkongreß; seine Vermittlerrolle im Buchdruckerstreik, bei dem ihm *ein ehrenvoller Vergleich* das Beste, *das Gebaren eines Teiles der Fortschrittspartei* das Schlimmste erschien; sein Kurzreferat über Speisegenossenschaften auf dem dritten, Stuttgarter «Vereinstag», der *einen entschiedenen Ruck nach links* brachte; die von ihm geförderte Gründung der *ersten deutschen modernen Bergarbeiterorganisation*; die Schaffung eines von ihm geleiteten Vereins zur Förderung und Unterstützung der geistigen und materiellen Interessen der Arbeitervereine; und nicht zuletzt ein zusammen mit den Lassalle-Anhängern durchgeführter Abwehrkampf.

Die gemeinsame Aktion vom Sommer 1865 (ein Protest gegen den Beschluß sächsischer Handels- und Gewerbekammern, daß die Arbeitsbücher von den Arbeitgebern verwahrt und ohne Zustimmung der Arbeitnehmer mit Zeugniseintragungen versehen werden durften) mußte die Übernahme des Gedankenguts von Lassalle erleichtern. Lassalle stellte dem traditionellen Bild der einmaligen, vollständigen, gewaltsamen Umwälzung den Begriff von der Revolution als historisch kontinuierlicher, Rechtsnormen verändernder Vorgang entgegen. Mit diesem Revolutionsbegriff verteidigten sich 1872 die Nicht-Lassalleaner Bebel und Liebknecht vor Gericht. «Das war sicher taktisch vorteilhaft, entsprach aber zugleich dem Ethos einer Bewegung, die auf Wissenschaftlichkeit hielt.»[66] Aus denselben Motiven hatte

Friedrich Albert Lange mit Tochter

Aus einem Brief von Bebel an Leopold Sonnemann

Leipzig d. 19. Febr. 1865.

Lassalle, Verfasser des «Systems der erworbenen Rechte», den Gedanken ausgearbeitet und angewandt. Als Praktiker wußte Bebel Lassalle am meisten zu schätzen. *Ich kann wahrhaftig nicht im Verdacht stehen, Lassalle überschätzen zu wollen,* schrieb er ein Vierteljahrhundert nach Lassalles fast melodramatischem Ende an den Parteitheoretiker Karl Kautsky, *aber wer wie ich in der Bewegung von Anfang an gestanden hat, wer selbst Jahre lang den Lassalleanismus aufs heftigste bekämpfte, ehe er Sozialist wurde, der weiß besser zu beurteilen, welchen eminenten Einfluß L(assalle) auf die Massen ausübte und daß ohne ihn die Bewegung kaum so rasch das geworden wäre, was sie geworden ist.*[67]

Im beständigen Kampfe mit den Lassalleanern, mußte ich Lassalles Schriften lesen, um zu wissen, was sie wollten, und damit vollzog sich in Bälde eine Wandlung in mir, gestand Bebel nach abermals 20 Jahren – ein Zeichen für seine menschliche Größe. Der mächtigste Anstoß, der ihn aus der seichten Fahrrinne der isolierten, nur locker zusammengebundenen Vereine in den Strudel einer Konstituierung des vierten Standes als selbständig kämpfende Klasse schleuderte, ging aber fraglos von Liebknecht aus. Nach dreizehnjährigem Exil in die preußische Hauptstadt zurückgekehrt, war der amnestierte «Soldat der Revolution» im Sommer 1865 aus Preußen ausgewiesen und arbeitsuchend nach Leipzig verschlagen worden. Dort wurde er Anfang August durch einen Redakteur der «Mitteldeutschen Volkszeitung» mit Bebel zusammengebracht. Dieser soll nach der Begegnung mit dem Vierzigjährigen ausgerufen haben: *Donnerwetter, von dem kann man was lernen!... Sofort nach der Begrüßung kamen wir in ein politisches Gespräch, in dem er mit einer Vehemenz und Rücksichtslosigkeit die Fortschrittspartei und namentlich ihre Führer angriff und charakterisierte, daß ich, der ich damals doch auch keine Heiligen mehr in denselben sah, ganz betroffen war. Indes er war ein erstklassiger Mensch, und sein schroffes Wesen verhinderte nicht, daß wir uns bald befreundeten.* Die Verbindung besaß allerdings auch ihre praktischen Seiten.

Liebknecht war nämlich bereit, im Arbeiterbildungsverein als Lehrer *in der englischen und französischen Sprache* und auf Landesebene als *Reiseprediger* des Vereins zu dienen. Die erste *Agitationstour* ging in die *Arbeiterdörfer* des unteren Erzgebirges. Da Bebel ebenfalls solche Touren unternahm («die Preußen und die Fabrikanten sein Hunde»[68], resümierten die Erzgebirgler seine Reden) und sich mit Liebknecht abzustimmen pflegte, wuchsen beide im Volksbewußtsein derartig zusammen, daß später *Geschäftsbriefe ankamen, die statt der Adresse Ißleib & Bebel die Namen Liebknecht & Bebel trugen.*

Dabei hatte die Unzertrennlichkeit ihre Grenzen. Der *Mann von Eisen mit einem Kindergemüt* hing gewiß sehr an Bebel und seiner

42

Der junge Ferdinand Lassalle

Julie. *Eine vorzügliche Suppe, die ihm meine junge Frau kurz nach unserer Verheiratung, Frühjahr 1866, eines Tages vorsetzte, begeisterte ihn so, daß er ihr diese sein Leben lang nicht vergaß . . . Hatte er mal ein neues Kleidungsstück an, was nicht häufig vorkam, und hatte ich das nicht sofort wahrgenommen . . . so konnte ich sicher sein, daß er, ehe viele Minuten verflossen waren, mich darauf aufmerksam machte und mein Urteil verlangte. Doch liebte es der Empfindliche, sobald er Widerstand voraussah, in politischen Dingen fertige Tatsa-*

43

chen zu schaffen, und bei *seinem Mangel an praktischem Geschick mußten andere die Durchführung von ihm getroffener Maßnahmen übernehmen.* Wenn der dabei geschädigte und verärgerte Bebel – vor seinem ersten Besuch bei der väterlichen Familie in Ostrowo bemängelte er außerdem, daß Liebknecht *die ökonomischen Verhältnisse und ihre Entwicklung viel zu wenig beachtete*[69] – sich dagegen wehrte, gerieten sie manchmal *hart aneinander.* Gegen Ende des deutschen Bruderkriegs von 1866 wurde ein Zusammenprall nur dadurch vermieden, daß die halb bankrotte «Mitteldeutsche Volkszeitung», die Liebknecht, ohne einen *Pfennig* zu besitzen, aufgekauft hatte, amtlicherseits bald *unterdrückt* wurde. Dennoch gelang es den Leipziger Dioskuren, gemeinsam eine Sächsische Volkspartei zu gründen und 1867 als deren Abgeordnete in den Norddeutschen Reichstag einzuziehen. Bebel glückte das bereits bei der eine künftige Verfassung beratenden konstituierenden Körperschaft, Liebknecht (er war nach einem leichtsinnigerweise in Berlin gehaltenen Vortrag verhaftet und mit Gefängnis bestraft worden) erst für die reguläre Legislaturperiode. Damit rückten sie, wenn auch vorerst ganz am Rand, ins Rampenlicht der Weltöffentlichkeit.

Dem sozialistischen Sektor dieser Öffentlichkeit, der damals noch halb im Schatten lag, hatte Bebel sich schon fünf Jahre vorher genähert, indem er versuchte, *die 1859 erschienene Schrift von Marx «Zur (Kritik der) politischen Oekonomie» zu studieren.* Doch *es blieb bei dem Versuch.* Überarbeitung und *der Kampf um die Existenz* gewährten ihm nicht *die nötige Muße,* um *die schwere Schrift geistig zu verdauen.* Was immer die Ursache für die Nichtbewältigung des in Deutschland von Freund wie Feind mit der «Verschwörung des Schweigens»[70] abgewürgten Werkes gewesen sein mag: Bebel war jedenfalls, *wie fast alle, die damals Sozialisten wurden, über Lassalle zu Marx gekommen.* Der eine, von Marx gegeißelte Jünger hatte ihm als Popularisator den Weg gewiesen, ehe der andere, kaum minder von Marx und Engels bespöttelte, nämlich Liebknecht, eine engere Verbindung herstellte. Anfang 1865 lernte Bebel jedoch *mit Genuß Marx' Inauguraladresse für die Gründung der Internationalen Arbeiterassoziation* kennen. In dieser Phase seiner wissenschaftlichen und politischen Laufbahn, «vielleicht der wichtigsten»[71], mit diesem gewisse theoretische Konzessionen machenden «Manifest an die arbeitende Klasse Europas» und den «Provisorischen Bestimmungen der Internationalen Arbeiter-Association»[72] handelte Marx sozusagen als «Marxist». Man kann auch sagen, daß er sich bereit fand, Bebelianer zu werden, wie umgekehrt Bebel mit dem Ende 1866 erfolgten Beitritt zur Internationale gleichfalls «Marxist» wurde.

Das geistige und politische Gefälle zwischen den Leipzigern und den

Londonern war jedoch viel zu stark, als daß diese nicht Bebel und Liebknecht gegenüber zurückhaltend hätten sein müssen. Wie sollte man
auch anders reagieren, wenn dem *Generalrat der Internationalen
Arbeiterassoziation zu London* im Sommer 1868 die Ankündigung
zuging, daß der im Herbst im prächtigen Nürnberger Rathaussaal
abzuhaltende fünfte «Vereinstag» der Deutschen Arbeitervereine ent-
scheiden werde, ob der Verband auch *ferner in dem jetzigen prinzip-
und planlosen Arbeiten beharren oder nach festen Grundsätzen und
bestimmter Richtung wirken* solle? Man hatte sich *für das letztere entschieden*, man gedachte *das Programm* der Internationale zur (fest
gesicherten) Annahme zu empfehlen und *beehrte sich, den Wunsch
und die dringende Einladung auszusprechen*, zur geplanten Zusammenkunft *einen oder mehrere Deputierte zu entsenden*. Als *Vorsitzender* des Verbands-*Vororts* (d. h. Leipzigs) gab Bebel sich *der angenehmen Hoffnung hin, daß Sie unsere Bitte erfüllen und uns bald geneigte
Antwort zukommen lassen werden*[73]. War das die geeignete Fanfare
für den *Marsch nach Nürnberg*? Nun, dem einstweiligen Sekretär des
Generalrats, Schneider J. George Eccarius, wurden die 2 Pfund für die
Fahrt zur Abnahme der Arbeitervereinstagsparade bewilligt. Er war
hinterher «äußerst befriedigt über den Takt, den die deutschen Arbeiter während der kurzen Zeit erworben hatten, in der sie im Besitz der
Freiheit öffentlicher Versammlungen gewesen waren»[74].

Ebenso zufrieden hätte ein sozialistischer Beobachter aus London
mit Bebels Jungfernrede im Norddeutschen Reichstag sein dürfen. Den
in die Monate März und April 1867 fallenden Anfängen seiner parlamentarischen Tätigkeit widmete er im zweiten Band der Erinnerungen
Seiten, die es qualitativ mit dem besten Teil des ersten Bandes aufnehmen konnten. Zudem bezeugte seine *erste parlamentarische Hand-
lung*, mit der er den Reichstag *zu einer Ungesetzlichkeit verleitete* (es
ging um die Bestätigung der Wahl des Leipziger Abgeordneten, die for-
mal falsch, doch ohne Fälschung des Wählerwillens erfolgte), daß er
vor dem hohen Gremium seine kleinbürgerliche Bravheit überwunden hatte und daß seine Beeinflussungsgabe unversehrt war.

Bebel äußerte die Überzeugung, *daß es Preußen bei der Gründung
dieses Norddeutschen Bundes keineswegs um eine Einigung Deutschlands zu tun gewesen ist* («lebhafter Widerspruch rechts»). Ja, er
behauptete, *daß mit der Gründung dieses Norddeutschen Bundes ein
spezifisch preußisches Interesse* («erneuter Widerspruch rechts»), *daß
die Stärkung der Hohenzollernschen Hausmacht damit bezweckt worden ist* («lebhafter Widerspruch rechts»). Die Störungsversuche gegen
Bebels Äußerung des Zweifels an den nationalen Absichten des ersten
norddeutschen Bundeskanzlers, Bismarck, waren so lautstark, daß der
Präsident des Parlaments bitten mußte, «den Herrn Redner ruhig zu

Wilhelm Liebknecht

Ende reden» zu lassen, um ihn dann zu «widerlegen». Doch wie war die Feststellung zu entkräftigen, *daß dieses Verhältnis der Kleinstaaten zu Preußen ein ganz abnormes ist, daß dieser Bund nur Groß-Preußen ist, umgeben von einer Anzahl Vasallenstaaten, deren Regierungen nichts weiter als Generalgouverneure der Krone Preußen sind?*

Um nachzuweisen, daß Norddeutschland sehr wohl Süddeutschland *in das Bundesverhältnis hineinzuziehen* vermocht hätte, nahm

Bebel zwei Gegenargumenten den Wind aus den Segeln. Das eine hieß französischer, das andere österreichischer Einspruch. Einer *aggressiven Politik* Frankreichs wäre *durch eine derartige bundesstaatliche Einigung* ein schwer zu durchbrechender, also provokativer Damm entgegengesetzt worden? Gerade das war *durch die Militärkonvention mit den süddeutschen Staaten* geschehen. Wenn Frankreich sich dennoch gegen die parallele *Bildung eines Süddeutschen Bundes* wandte, war es sicher, so prophezeite Bebel, *daß ganz Deutschland wie ein Mann sich erheben und eine derartige Einmischung in die innern Angelegenheiten Deutschlands zurückweisen wird.* Österreich durfte sich auf den Prager Frieden berufen, gewiß. Dieser sah nur *eine internationale Einigung*, das heißt die Existenz zweier souveräner Staaten, *zwischen dem Norden und Süden Deutschlands*, vor. Aber, fragte Bebel, *wer hat denn den Prager Friedensvertrag vorgeschrieben? Doch nur Preußen.* Nähme die preußische Regierung je an, *daß ihr durch diesen Friedensvertrag irgendwelcher Schaden erwüchse, so würde sie gar nicht anstehen, diesen Friedensvertrag zu zerreißen.* Innenpolitische Gründe, die Befürchtung, von den süddeutschen Staaten überstimmt zu werden, bewogen Preußen, gegen Deutschlands Wiedervereinigung (wie man es hundert Jahre später formulieren sollte) zu handeln. Er, Bebel, *stehe auf dem deutschen, nicht auf dem preußischen Standpunkte. Deshalb müsse er gegen diese Gründe* sein. *Ich muß entschieden protestieren gegen einen Bund, der nicht die Einheit, sondern die Zerreißung Deutschlands proklamiert, einen Bund, der dazu bestimmt ist, Deutschland zu einer großen Kaserne zu machen, um den letzten Rest von Freiheit und Volksrecht zu vernichten.*[75]

Was wußten die wild Dazwischenrufenden von dem in der Kasematte geborenen Handwerker aus Rheinpreußen, dem angehenden Sozialisten, dem neugebackenen Mitglied der Internationale, das die Rechte der Masse und nationale Einheit über absolutistisch-bürgerliche Klassenherrschaft und partikularistische Machtpolitik stellte? Ein Jahr darauf wurden Bebel und Liebknecht, weil sie den Spaniern anläßlich der Vertreibung Isabellas II. *die Gründung einer sozialdemokratischen Republik* anrieten, *wegen Verbreitung staatsgefährlicher Lehren* zu drei Wochen Gefängnis verurteilt. Zu verbüßen waren sie (*im Leipziger Bezirksgerichtsgefängnis*) *erst gegen Ende 1869* — so lange hatte der Instanzenzug gedauert. Bald sollten stärkere Angriffe und härtere Repressalien hinzukommen.

Wer erlebt hat, wie Kriege in ihrem Verlauf den ursprünglichen Sinn verlieren und Sieger den Besiegten unsinnige Forderungen aufzwingen können, versteht die Situation, in der Bebel unmerklich in Deutschlands Geschichte einzugreifen beginnt. Es ist die zweite Phase des Deutsch-Französischen Krieges von 1870/71. In ihr verwandelt sich das, was die meisten Deutschen als einen Abwehrkampf gegen die Aggressivität des französischen Kaisers empfunden haben müssen, unbestreitbar in einen Eroberungskrieg. Ihm dürfen Sozialisten gleich welcher Richtung nicht zustimmen. «In der Wintersession des norddeutschen Reichstags», schreibt Mehring, verweigern «alle sozialdemokratischen Abgeordneten die Mittel für die Fortsetzung des Krieges... Bebel und Liebknecht aber» erwerben sich «vor den anderen unvergängliche Verdienste, indem sie mit einer Kühnheit, die in deutschen Parlamenten unerhört» ist, «... den kulturfeindlichen und volksverräterischen Charakter des nunmehrigen Krieges» anprangern. Damit geben sie «der französischen Arbeiterklasse ein Pfand unzerstörbarer Solidarität»[76]. Der 26. November 1870 wird so zum rotgedruckten Feiertag in dem an Festen nicht eben reichen Kalender der deutsch-französischen Beziehungen.

Die etwa fünfzehn Minuten dauernde Erklärung Bebels müßte jeder junge Deutsche kennen und nicht nur als Oberschüler erfahren: «Der Gewinn Elsaß-Lothringens erfüllte die Deutschen mit grenzenloser Begeisterung.»[77] Bebel widerlegt zuerst die strategischen Gründe, die für den «Gewinn» zu sprechen scheinen. *Sowenig es*, sagt er, *bei dem gegenwärtigen Kriege Frankreich seinerseits möglich war, trotz Elsaß und Lothringen, trotzdem Straßburg und Metz in seinem Besitz war(en), den Einmarsch der deutschen Heere aufzuhalten, wird umgekehrt, wenn die Verhältnisse günstig sind, es eines Tages möglich sein, den Einmarsch der Franzosen in Deutschland zu verhüten, angenommen, daß Kombinationen getroffen sind.* Das Bündnissystem von 1914 bzw. 1917 und die Katastrophe von 1918 werden also visionär vorweggenommen.

Dennoch erntet Bebel Protest und Spott, als er nun davor warnt, die unvermeidbare französische Wiedervergeltung zu provozieren. *Wenn wir eine solche Aussicht haben*, meint er, *dann gebietet uns die Klugheit von selbst, daß wir unsere Gegner nicht unnützerweise verletzen und zur Rache anstacheln* («große Unruhe, Gelächter»). Noch mehr Gelächter bei den patriotischen Parlamentariern erntet Bebel, als er das *Selbstbestimmungsrecht* der Bevölkerung als *Hauptgrundlage* für die Lösung der Frage vom sozialdemokratischen *Standpunkte* bezeichnet. Es gilt ihm als sicher, daß *Elsaß und Lothringen, mit Ausnahme von ein*

In Dresden

paar Dutzend Leuten ... entschieden gegen diese Annexion ist — ein
Realitätssinn, für den die Elsässer ihm noch nach Jahrzehnten zujubeln
werden. Aus dieser Prämisse zieht er die logische Folgerung: ... *wenn*
wir heute das Selbstbestimmungsrecht mit Füßen treten ... dann müs-
sen wir es uns ebensogut gefallen lassen, wenn andere, wo die Gelegen-
heit sich bietet, auch Stücke unseres Landes nehmen («große Heiterkeit»). Der Redner wendet sich nun einem scheinbar benachbarten
Grundsatz zu, dem Nationalitätenprinzip, und nimmt auch in diesem
Punkt die Verluste der beiden deutschen Staaten von 1918 vorweg. *Auf*
Grund des Nationalitätsprinzips wäre es notwendig, daß wir Polen
abtreten, daß wir Nordschleswig wieder abgeben, daß wir Südtirol und
Trient abstoßen, es wäre notwendig, daß wir soundsoviele slawisch
sprechende Länderteile preisgeben. Aber: die Schweiz und Amerika
beweisen, daß Menschen verschiedener Nationalität *friedlich neben-*
einander leben können. («Ruf rechts: Sonderbundskrieg!») Ihm be-
gegnet Bebel mit dem Einwand, er sei als notwendiger *Krieg der Frei-*
heit gegen die Unfreiheit gerade *gegen Ihre Partei gerichtet* gewesen.
Ein schlagfertiger Gegenangriff, der ihm «Schluß!»-Rufe und einen
Verweis des Präsidenten einträgt.

Der übrige Teil der Rede führt von der Außen- zur Innenpolitik. In
der Thronrede des preußischen Königs vom 17. Juli 1870, die aus
durchsichtigen Motiven das Unglück betont, das *dem französischen*
Volke aus diesem Krieg erwächst, vermißt Bebel den Bezug auf die
nicht minder schlimmen Leiden der Deutschen. *Hunderttausende* sind
zu *Krüppeln* geworden, ebenso viele sind *um ihre Existenz* gekommen,
Tausende und aber Tausende gefallen. Deswegen darf das deutsche
Volk verlangen, daß *die Massenschlächterei endlich ein Ende nehme.*
Dem liberalen deutschen Großbürgertum wirft Bebel vor, daß bei einer
Kriegsanleihe von 100 Millionen 50 000 Deutsche bloß knappe 68 Mil-
lionen gezeichnet haben. Auch das lasse es geboten erscheinen, neue
Opfer zu vermeiden, *die doch nur dadurch hier aufgebracht werden*
können, daß diejenigen, die immer mit dem Patriotismus voraus sind
in den Worten, erst abwarten, ob ihnen die nötigen Prozente auch in die
Tasche fallen. «Allgemeine Mißbilligung, Zischen, Ruf: Pfui! Hinaus!
Hinaus mit ihm!» Tadel des Präsidenten («... daß er sich heraus-
nimmt, unser eigenes Volk in dieser seiner Vertretung zu beschimp-
fen»). Danach «allseitiges Bravo, großer Lärm, Ruf: Hinaus mit ihm!».
Androhung des Wortentzugs quittiert diesen gegen *die besitzende*
Klasse, die Bourgeoisie, gerichteten Ausfall.

Man merkt Bebels Wortwahl an, daß er (wie die Erinnerungen
bezeugen) *gegen Ende der sechziger und Anfang der siebziger Jahre*
Marx' und Engels' Schrifttum näher kennengelernt hat. Wenn er im
Reichstag abschließend auf weitere Ausführungen verzichtet, begrün-

Der Rathaussaal in Nürnberg

det er das mit einer für seine neuen Geistesfreunde charakteristischen
Einsicht in den Kausalzusammenhang von Sein und Bewußtsein. *Wir
verlangen eben nicht mehr und nicht weniger als die Ablehnung der
Mittel zur Fortführung des Krieges, wir erwarten, daß Sie dem zustimmen, nicht; es von Ihnen zu verlangen, wäre eine Dummheit von unserer Seite.* Mit diesem Aperçu erweckt Bebel noch einmal «Heiterkeit»,
ehe er in seinem sehr ernsten Schlußsatz *Friede mit der französischen
Nation, unter Verzichtleistung auf jede Annexion*[78] fordert. Doch die
Regierung hat weder Sinn für Humor noch erträgt sie pazifistische
Argumente. Bismarck rächt sich «mit einem Hochverratsprozeß, der
für Bebel, Liebknecht und [den Redakteur Adolph] Hepner zunächst
eine hunderttägige Untersuchungshaft»[79] bedeutet. Ihr fügt sich an,
was wir hier «Hafthochschule» nennen. Im zweiten Band der Memoiren heißt das betreffende Kapitel *Unsere Festungshaft und was zwi-
schenzeitlich passierte.* Im Gegensatz zu den Praktiken moderner Dik-

51

Namen und Stand.	Wohnort.	Wahlbezirk.	Namen und Stand.	Wohnort.	Wahlbezirk.
Bebel, Drechsler.	Leipzig.	Königreich Sachsen, 17. Wahlkreis. Stadt Glauchau und die Gerichtsamtsbezirke Waldenburg, Remse, Meerane, Glauchau, Hohenstein, Ernstthal, Lichtenstein.	Prinz Biron von Curland, Standesherr auf Wartenberg, Oberst-Schenk.	Poln. Wartenberg.	Königreich Preußen, Reg.-Bez. Breslau 3. Wahlkreis. Wartenberg-Del
Dr. jur. Becker, Schriftsteller.	Dortmund.	Königreich Preußen, R.-Bez. Arnsberg, 6. Wahlkreis. Dortmund.	v. Bismarck, Deichhauptmann.	Brietz bei Wähten, Kr. Stendal.	Königreich Preußen, Reg.-Bez. Magdeburg, 2. Wahlkreis. Osterburg · Stendal.
Becker, Ober-Appellationsgerichts-Rath.	Oldenburg.	Großherzogth. Oldenburg, 1. Wahlkreis. Stadt und Amt Oldenburg, Fürstenthum Lübeck, Fürstenth. Birkenfeld, Amt Rastede.	v. Blanckenburg, Gen.-Landschaftsrath.	Zimmerhausen bei Plathe, Kr. Regenwalde.	Königreich Preußen Reg.-Bez. Stettin 6. Wahlkreis. Naugard · Regenwalde.
			Bloemer, Obertribunals-Rath.	Berlin.	Königreich Preußen Reg.-Bez. Düsseldorf, 4. Wahlkreis. Kreis und Stadt Düsseldorf.

Mitglieder des Reichstags: Bebel und Bismarck

taturen dürfen politische Gefangene jener Epoche die von ihnen herangeschaffte Literatur lesen und *beliebig literarisch* tätig sein, mit der amtlichen *Einschränkung* allerdings, daß *nichts davon* während der *Haft hinausgelangt und gedruckt wird*[80].

Diese Haft eröffnet auch andere Möglichkeiten. Am 1. Juli 1872 schreibt der kurz zuvor aus dem Gefängnis entlassene Führer der sozialdemokratischen Bewegung im Herzogtum Braunschweig, Wilhelm Bracke jun., der bis zum Vorabend des Eisenacher Kongresses im Herbst 1869 ein (rebellisches) Mitglied des ADAV gewesen war[81], *einen Abschiedsbrief*, in dem er zu ahnen scheint, was sich bei *einer genauen ärztlichen Untersuchung* seines jetzigen Parteigenossen herausstellen wird. Bebels *linker Lungenflügel* ist *stark tuberkulös*, hat *eine Kaverne*, die dann *auf der Festung* ausheilt. Er mache, schreibt Bracke, auf diese Art eine Kur, die ihn fürs ganze Leben kräftigen und ihm Gelegenheit geben werde, «viel zu lernen». Bebels Kraft reicht aber noch aus, eine Woche darauf, am Tag seines Haftantritts, einen sarkastischen Aufruf an seine Wähler im 17. sächsischen Wahlkreis zu erlassen: *Das Königliche Bezirksgericht hat die Gewogenheit gehabt, mir wegen «Majestätsbeleidigung» neben einer neunmonatigen Gefäng-*

Bebel berichtet über den Empfang in Straßburg (Brief an Adolf Geck)

Lieber Adolf.

Hier in Straßburg ist Sonntag Nachmittag nichts zu kriegen, ich kann daher nach Offenburg erst Abend kommen. Ich kann an ... 6.30 oder 7.20 ... Ich Euch ... d. Ist es nicht anders geht.

Als ich heute Mittag hier ankam war der Bahnhof voll Menschen, die mich ... begrüßten; der ganze ... ... und ... nach bis in die Stadt. Aber bleib auf den ... sehen oder ... an die ... Schließlich ... ich ... einen ...

Schumann will Sonntag Abend erst nach O. kommen.

Herzlichste Grüße dir und Lieber Martin. Dein

August.

5

Wenn es plötzlich im Reichstag hieße:

„Der Bebel kommt!"

Bürgerschreck Bebel. Karikatur in der «Frankfurter Latern», 1872

nisstrafe auch den «Verlust der bekleideten öffentlichen Ämter sowie der aus Wahlen hervorgegangenen Rechte» abzuerkennen. Die Antwort: Wählt mich wieder! Er läßt sich nicht mürbe machen. Festung und Gefängnis ändern seine Begriffe über unsere faulen Gesellschaftszustände nicht. Dagegen verdient die Gesellschaft, die zu solchen Mitteln der Belehrung greifen muß, daß sie aufhört zu existieren. Führen wir also den Krieg fort... Nach diesem Aufruf aber klappt Bebel, gewaltsam zur Ruhe verwiesen, zunächst auf Wochen wie ein Taschenmesser zusammen [82].

An einem Nachmittag reist Bebel zum ehemaligen Jagdschloß Hubertusburg, das jetzt nicht mehr königlichen Vergnügungen dient. Am Leipziger Bahnhof wartet eine große Zahl Männer und Frauen, um sich von ihm zu verabschieden. Julie und die dreieinhalbjährige Frieda sind auf seinen Wunsch nicht dabei, wohl aber ein großer Vogelbauer mit einem ihm geschenkten prächtigen Kanarienhahn als Gesellschafter und Stammvater einer Kinder- und Enkelschar. An der letzten Bahnstation stehen bei Bebels Aussteigen militärisch salutierend sämtliche Schaffner an dem langen Personenzug vor ihren Wagen. Der Lokführer schwenkt die Kopfbedeckung, ebenso ein großer Teil der in den Fenstern liegenden Passagiere. Auf Schloß Hubertusburg richtet man sich in den Zellen ein, die den Festungsgefangenen provisorisch in einem Flügel der Gefängnisbauten angewiesen werden. Aus ihren mit Eisenstäben vergitterten Fenstern geht der Blick auf den ummauerten großen Wirtschaftsgarten und dahinter auf Wald und Flur.

Merkwürdige Vorschriften sind dieser Art von Gefangenen auferlegt bzw. zugebilligt. Für die Miete und die von einem Kalfakter vorgenommene Reinigung der sieben oder acht für diesen Zweck bestimmten Zellen hat jeder (der Staat gibt auch den Gefängnisraum nicht umsonst) im Monat fünf Taler zu zahlen. Das Essen wird aus einem in der Nähe liegenden Gasthaus bezogen. Der Tagesablauf: Um 7 Uhr morgens muß alles angekleidet sein. Dann werden die Zellen zwecks der Reinigung geöffnet. Während dieser Zeit empfängt das halbe Dutzend Genossen, darunter zeitweilig auch irgendein Student, der wegen Duellgeschichten zu kurzer Festungshaft verurteilt worden ist, im breiten Korridor die erste Mahlzeit. Der Journalist Karl Hirsch benutzt die Gelegenheit, um mit einem Zivilgefangenen eine Partie Schach zu spielen, die regelmäßig in Streit ausartet. Um 8 werden alle wieder eingeschlossen, bis um 10 ein Spaziermarsch fällig ist. Um 12 Uhr wieder Einschließung bis 3 Uhr im Winter, 4 Uhr im Sommer, dann zweiter Spaziergang, von 5 beziehungsweise 6 Uhr ab wieder Einschließung bis zum nächsten Morgen. Da man das Recht hat, bis 10 Uhr abends Licht brennen zu dürfen, sind diese Stunden Bebels Hauptarbeitszeit. Nach einigen Monaten erreicht er, daß Liebknecht vormittags mit ihm

Hubertusburg

in dieselbe Zelle kommt, um ihn in Englisch und Französisch zu unterrichten. Daß bei der *Gelegenheit* auch *die Interna der Partei und die politischen Vorgänge erörtert* werden, versteht sich von selbst.

Da Bebel und Liebknecht, *passionierte Teetrinker*, ihr Leibgetränk weder beziehen noch *der Feuersgefahr wegen* legal zubereiten können, wird heimlich eine Teemaschine beschafft und allabendlich nach dem Weggang des Wärters benutzt. An einem im Garten zurechtgeschnittenen, *etwa 2 Meter langen Stock*, an den ein selbstgeflochtenes Netz befestigt ist, reicht Bebel den Tee durchs Fenster an die nebenan gelegene Zelle Liebknechts. Auf dem Außenweg geht auch durch *eine Schnur ohne Ende* der Tausch von Zeitungen vor sich. Ein *großes Bedürfnis zu körperlicher Arbeit* wird mit behördlicher Billigung auf einem längs der Gartenmauer liegenden, *mehrere Meter breiten Rain* befriedigt, nachdem ein Gesuch, *uns dazu ein Stückchen Land zu überweisen*, abgelehnt worden ist. Liebknecht (er arbeitet an einer *Abhandlung über die Grund- und Bodenfrage* und betrachtet sich daher als *Sachverständigen*) erspäht *in dem mageren Lehm* einen *vorzüglichen Humusboden*. Auf Anraten des Aufsehers düngen die beiden Farmer die steinige Erde mit einer übelduftenden Korblast aus dem *Kompost-*

56

haufen in der Gartenecke. Doch ihr täglicher Wettlauf zu dem mit Radieschensamen bestellten Beet – jeder will *die ersten Früchte ernten* – bleibt vergeblich. «*Warum Sie keine Radieschen bekommen, meine Herren, das will ich Ihnen sagen*», mischt der Aufseher sich ein. «*Sie haben zu fett gedüngt!*»

Alle *drei bis vier Wochen* ist Familienbesuch. Nach einiger Zeit wird erreicht, daß die Besucher *die Gültigkeit der Rückfahrkarten (drei Tage) ausnutzen* dürfen. Die Frauen und ihre Kleinkinder, mit denen sie während dieser Zeit *im Dorfe* wohnen, müssen *früh vor 7* von Hause fort. Das Mieten einer Droschke sähe man als *Verbrechen* an. Dann dürfen sie die Zeit *von vormittags* $\frac{1}{2}$ *10 bis abends 7* in der Zelle zubringen, *auch den Spaziergang im Garten mitmachen – eine große Erleichterung*. Nicht weniger erleichternd ist die Begegnung mit den Büchern, auf die Bebel sich stürzt, sobald er *wieder arbeitsfähig* ist. Um nicht von *Unruhe und Ungeduld* gepackt zu werden, nicht *Tage und Stunden* zu zählen, nimmt er sich ein *Pensum* vor, *das nur unter äußerster Aufbietung der Kräfte bewältigt werden kann*. Marx' «Kapital», Engels' «Lage der arbeitenden Klasse», Lassalles «System», Platons «Staat», Aristoteles' «Politik», Machiavellis «Fürst», Morus' «Utopia» gehören zu Bebels Lektüre, ferner naturwissenschaftliche Autoren: Darwins «Entstehung der Arten», Haeckels «Natürliche Schöpfungsgeschichte», Büchners «Kraft und Stoff», Liebigs «Chemische Briefe». Auch die *Klassiker* bekommen ihren Anteil an der Zeit des *von einer wahren Lern- und Arbeitsgier* Befallenen.

Das für Bebels künftiges Wirken in der Arbeiterbewegung Wichtigste an dieser Bildungsarbeit ist wohl, daß er (dessen erste, noch ganz von Lassalle abhängige Broschüre *Unsere Ziele* Ende 1869 erschienen ist) jetzt ernsthaft mit der eigenen literarischen Produktion beginnt. Eine «Geschichte des Deutschen Bauernkriegs» regt ihn an zu einer populären Abhandlung *Der Deutsche Bauernkrieg mit Berücksichtigung der hauptsächlichen sozialen Bewegungen des Mittelalters.*

Mögen Bauern und Arbeiter vereint mit allen denen, die ihr Idealismus treibt, die Menschheit aus den Banden der materiellen Not und der geistigen Unfreiheit zu erlösen, sich die Hände reichen und gemeinsam den schönsten und größten Befreiungskampf kämpfen, den die Welt je gesehen hat. Der Passus für das Bündnis von Hammer, Sichel und Feder endet mit der schon im «Manifest» angelegten Analyse, daß *der Rahmen, in dem die Gesellschaft sich bewegt*, zu eng, ihre jetzige *Organisation* unfähig geworden sei, *die Aufgaben, welche die moderne Menschheit hat, zu lösen*[83]. Außer der ebenfalls im Druck erschienenen Übersetzung einer französischen Schrift über die Soziallehren des Christentums wagt der eben erst in diese Sprache Eingeweihte auch noch eine Gegenschrift *Glossen.*

Dieser Schrift wird ein *Anhang über die gegenwärtige und zukünftige Stellung der Frau* hinzugefügt, der bereits auf Bebels literarische Hauptleistung hindeutet. *Die Anregung zu dieser Abhandlung*, bekennt er, kommt aus seiner Lektüre der *französischen sozialistischen und kommunistischen Utopisten.* Hinzu kommen andere *Vorstudien* zu *Die Frau und der Sozialismus*, das vier Jahre nach seiner Haftentlassung zuerst unter dem tarnenden Titel *Die Frau in der Vergangenheit, Gegenwart und Zukunft* erscheint, zu seinen Lebzeiten über 50 Auflagen erleben und 50 Jahre nach der ersten Auflage im 210. Tausend erscheinen wird. Zu einer Zeit, in der nach dem unverdächtigen Zeugnis seines Parteifreunds Eduard Bernstein die meisten Sozialdemokraten den Gedanken der Frauenemanzipation als eine bloße Marotte der Mittelklasse ansehen und Bebels Einsatz «Gespött und sogar ärgerliche Kritik der meisten sozialistischen Kollegen»[84] hervorruft, prägt der Sohn einer aufgeklärten, auf sich selbst gestellten Frau aus eben jener Klasse einige seiner historischen Worte für die Befreiung ihres Geschlechts.

Die praktische Politik wird über den Studien nicht vernachlässigt. Der 20. Januar 1873 ist von der sächsischen Regierung als Termin für eine Neuwahl in Bebels bisherigem Wahlkreis bestimmt worden. *Ein wegen seines leutseligen Wesens im Wahlkreis sehr beliebter Herr* wird als Gegenkandidat aufgestellt. Was an *agitatorischen Kräften* zur Verfügung steht, eilt in den Wahlbezirk. Als die Stimmen gezählt werden, hat Bebel 10 740 gegen 4240 Stimmen, fast 4000 mehr als bei der ursprünglichen Wahl — *eine klatschende Ohrfeige für den Gerichtshof.* Daß der Besiegte *in der Presse des Wahlkreises der Partei, die den Wahlkampf gegen ihn in so anständiger Weise geführt habe*, Dank ausspricht, ist für den jungen Parlamentarismus in Deutschland ein geschichtliches Ereignis. Nichtsdestoweniger scheitern Bebels Versuche, für die Teilnahme an den Reichstagssitzungen beurlaubt oder für die Dauer der Session aus der Haft entlassen zu werden.

Bebel freut sich im stillen über diesen Mangel an Entgegenkommen. Ihm liegt wenig daran, dadurch die Haftzeit faktisch zu verlängern. Auch aus illegaler Betätigung macht er sich nicht allzu viel. Ihm genügt ein gelegentlicher Kassiber, weil *durch eine ungeschickte Antwort* der Anstaltsdirektor argwöhnisch werden kann und den Häftlingen daraus *unangenehme Folgen* erwachsen müssen. Radikaler Gesonnene wie der später als Anarchist aus der Partei entfernte Johann Most sind unbedenklicher. Es ist ihm gewiß ernst, wenn der zu sechs Jahren schwerem Kerker Verurteilte im Frühjahr jenes Jahres Bebel zuruft: «*Nur 1000 Mann wie Du, oder selbst nur wie ich (ohne Selbstüberhebung) — und Europa, nicht bloß Deutschland, ist binnen fünf Jahren sozialistisch.*» Sonst enttäuscht Mosts Brief durch naive Kalauer.[85]

Vom Geld ist die Rede, von wem noch?

Hätt ich 5000 Franc Renten ...

... ich tät nichts als arbeiten und mich mit den Weibern amüsieren, bis ich kaputt wär. Das schrieb ein 27jähriger seinem Freund «Mohr», dem «schwarzen Kerl aus Trier». Ein Jahr später wollen beide gemeinsam eine Zeitung gründen und versuchen, das nötige Kapital bei Bekannten und Verwandten aufzutreiben, mit nicht gerade großem Erfolg: «Aus meinem Alten ist vollends nichts herauszubeißen. Für den ist schon die Kölner Zeitung ein Ausbund von Wühlerei, und statt 1000 Taler schickt er uns lieber 1000 Kartätschenkugeln auf den Hals.»

Neigung zum Schreiben hatte er schon als Gymnasiast verspürt. Er wollte Dichter werden. Die erste literarische Arbeit, «Briefe aus dem Wuppertal», veröffentlichte er unter dem Pseudonym Friedrich Oswald. Auf väterliches Drängen erlernte er dann doch den Kaufmannsberuf. Die eigentliche Berufung fand er aber in der politischen Schriftstellerei. Um Zeit dafür zu haben, versuchte er, sich im väterlichen Betrieb «vor zu großer Überbeschäftigung auf dem Kontor zu schützen» und trotzdem «Salär von der Firma zu haben». Mit seinen 200 Pfund Gehalt pro Jahr kommt er aber nie aus. «Eine Reform meiner personal expenses wird dringend», schrieb er seinem «lieben Mohr», als er wieder mal «tief in der Klemme» saß. Besser wurde die finanzielle Lage erst, als dem Vierzigjährigen das väterliche Erbe zufiel. Neun Jahre später konnte er sich völlig aus dem Geschäftsleben zurückziehen und sich ausschließlich der politischen und schriftstellerischen Arbeit widmen. Der gewählte Präsident der Schiller-Anstalt in Manchester ist aber auch den angenehmen Seiten des Lebens nicht abhold. Er nannte sich selbst einst ein «anerkanntes Genie im Komponieren eines Hummersalats» und schien recht betrübt, als er einmal wegen eines Rheumaleidens den Alkohol zur Abwechslung auch äußerlich verwenden mußte. Dennoch bleibt ihm jetzt genügend Geld, um seinen Freund finanziell zu unterstützen. Beide haben mit ihrer Arbeit die Weltgeschichte so stark beeinflußt wie kaum jemand zuvor. 74jährig starb er in London. Von wem war die Rede?

(Alphabetische Lösung: 5–14–7–5–12–19)

Auch von Samuel Kokosky, einem über Königsberg aus Danzig nach Braunschweig gekommenen Parteiredakteur[86], der hier eine dreimonatige Festungshaft absitzt, fliegen Bebel im Mai Witzeleien zu. *«Schon der Gedanke hat etwas Beruhigendes, daß etwaige Briefe, die man empfängt, erst vorher die Zensur passieren müssen, so daß unangenehme und aufregende Mitteilungen ferngehalten werden. So enthalte ich mich auch aller revolutionären Mitteilungen, so gern ich Euch auch über den Stand der Rüstungen, über die äußerst gelungene Anfertigung der Handgranaten und Nitroglyzerinbomben, die wahrhaft Wunder verrichten, aufklären möchte.»*

Bebel ist aus härterem Holz. Er bedauert es nicht, wenn bei der Amnestie, die im Herbst 1873 mit einem Thronwechsel in Sachsen verbunden ist, die *zahlreichen gefangenen Parteigenossen in den verschiedenen sächsischen Gefängnissen* übergangen werden. Die bevorstehenden Reichstagswahlen sollen nicht durch Begnadigungen *verdorben werden.* Mit der noch rechtzeitig erscheinenden Broschüre *Die parlamentarische Tätigkeit des Reichstags und der Landtage und die Sozialdemokratie von 1871 bis 1873,* der er *die wichtigsten Texte des Reichswahlgesetzes, der Wahlgesetzverordnung, der einschlägigen Bestimmungen des Reichsstrafgesetzbuches, der Vereinsgesetze und Winke für die Agitation* beifügt, beteiligt der Ausgeschaltete sich am Wahlkampf. Der Erfolg der Sozialdemokratie (sechs Abgeordnete bei 171 351 Stimmen für die Kandidaten der 1869 in Eisenach «im Geist der Internationalen Arbeiter-Assoziation» von ihm mitgeschaffenen Sozialdemokratischen Arbeiterpartei, drei Abgeordnete bei 180 319 Stimmen für die Kandidaten des Lassalleanischen ADAV, gegenüber 1871 insgesamt um 200 Prozent Zuwachs) ist in hohem Maß auch sein Erfolg.

Bebel in diesem Stadium als Politiker zu überschätzen, besteht jedoch kein Grund. Die Heftigkeit, mit welcher der in seinem Wahlkreis Glauchau-Merane Wiedergewählte darüber herzieht, daß Kokoskys politischer Lehrmeister, der Königsberger Arzt Johann Jacoby[87], sich zwar von der Arbeiterpartei aufstellen und mit 7577 gegen 6674 Stimmen wählen läßt, dann aber *zur allgemeinen und unangenehmen Überraschung der Partei* das Mandat ablehnt, beweist, wie wenig Flexibilität und Phantasie in dem Jüngeren erst steckt. Jacoby, der auf eine in ganz Deutschland verehrte Karriere als entschiedener Liberaler zurückblicken kann, hat vor der Wahl eindeutig geäußert, *den Parteigenossen sei seine Ansicht über das preußisch-deutsche Kaisertum bekannt; sie möchten hiernach ermessen, wie wenig Verlangen er trage, an den unersprießlichen Reichstagsverhandlungen sich zu beteiligen. Sollte — aus taktischen Gründen — die Partei für gut befinden, ihn als Kandidaten aufzustellen, so habe er nichts dagegen.* Annahme oder

Ablehnung des Mandats behalte er sich vor, da man nicht *auf parlamentarischem Wege einen Militärstaat in einen Volksstaat verwandeln könne*. Der *glänzende Wahlausfall* wird schwerlich dadurch beeinträchtigt, daß die sozialistischen Fraktionen (weil Bracke als Jacobys Ersatzmann bei der Nachwahl durchfällt) nicht noch einen Sitz hinzugewinnen. Wohl aber bietet er eine anscheinend nicht ausgenutzte Gelegenheit zu einem propagandistisch wirkungsvollen Meinungsaustausch über das von nun an aktuell bleibende Thema der Rolle einer parlamentarischen Opposition.

Ende April 1874 siedelt Bebel bei schönstem Wetter, von einem Beamten in Zivil begleitet, mit seinen *Büchern und Skripturen und verschiedenen Möbelstücken* nach der im Dresdner Raum gelegenen Festung Königstein über, wo inzwischen Zellen für Zivilgefangene hergerichtet worden sind. *Am Tage vor der Abreise* hat er sich, *für sein Entgegenkommen in so mancher Angelegenheit* dankend, vom Direktor seines Gefängnisses verabschiedet, *am nächsten Morgen* um 5 Uhr von der ganzen Familie des Aufsehers. *Beim Aufstieg auf die Festung* wird er dem gerade vorbeikommenden Gouverneur, einem adeligen Generalleutnant, vorgestellt. Hat der Gefängnisdirektor Bebel unter warmem Händedruck «*Gehen Sie mit Gott!*» zugerufen, so verspricht der Festungskommandant, der sich von seinem Neuankömmling die Behandlung in Hubertusburg schildern läßt: «*Na, schlechter sollen Sie es bei mir nicht haben.*» Zwar ist die Stube im vormaligen Zeughaus, die Bebel zugeteilt wird, geräumig. Doch die mit *dicken Eisenstäben* versperrten, schießschartenartigen Fenster scheinen eher für *Mörder und Mordbrenner* geeignet als für politische Gegner. Das zur Verfügung gestellte tägliche Deputat von fünf Pfund Kohlen muß auf eigene Kosten durch *Feuerungsmaterial* ergänzt werden, will der Benutzer des riesigen Kachelofens nicht bitter frieren. Sein täglicher Spaziergang ist auf *einen kurzen Weg in dem kleinen Park der Festung* beschränkt. Das *einzig Zufriedenstellende* ist die aus der Wirtschaft bezogene, reichliche, gute, billige Kost, um die ihn die nie satt werdenden *Soldaten der kleinen Besatzung* beneiden.

Nach drei Wochen schon – sie genügen übrigens, um die «Bebelburg», damals vorübergehend, heute beständig, zu einer Fremdenattraktion zu machen – schlägt die Stunde der auf ganze sechs Wochen befristeten *vorläufigen Befreiung*. Am 1. Juli 1874 tritt Bebel im Zwickauer Landesgefängnis zu einer neuen Wegstrecke seiner Odyssee an. Hier geht es noch deprimierender zu. Einmal im Monat soll man *auf eine Stunde unter Aufsicht eines Beamten* Angehörige sehen dürfen? Nachdem Julie es im dritten Monat von Augusts Haft ausprobiert hat, verzichten beide auf die Wiederholung. Andere Besucher sind selten und unter den Umständen auch nicht ersehnt. Dazu kommt die kata-

Johann Jacoby

strophale Geschäftslage. *Wer eine solche Situation nie durchgemacht hat, ahnt nicht, wie niederdrückend das Bewußtsein vollständiger Hilflosigkeit auf den Gefangenen wirkt.* Ein Trost, daß Bebel, wenn auch ohne *die nötigen Hilfsmittel,* weiter populärwissenschaftlich zu arbeiten und sich in die vorgeschriebene Ordnung zu fügen weiß. Der Abschied vom Direktor (am 1. April 1875 – dem 60. Geburtstag Bismarcks) ist deswegen *auch hier ein warmer.* Noch herzlicher geht es am folgenden Tag in Zwickau zu, wo die Genossen den Bebels *ein paar feine, mit einer Widmung versehene Kaffeetassen* schenken. Sie sollen *das sächsische Nationalgetränk noch recht lange in voller Ruhe und Muße und ungetrennt genießen.* Vorher hat Leopold Sonnemann, *Hauptbesitzer* der liberalen «Frankfurter Zeitung», dem Korrespondenten und Duzfreund 20 Flaschen Wein zugeschickt. Nun gratuliert er im Blatt dem, der um der «Überzeugungstreue willen leiden muß».

Das alles wirkt indessen allzu gemütlich. Wenn man es liest, begreift man, warum ein Pessimist damals den Sieg des deutschen Sozialismus noch zweihundert Jahre entfernt glaubt. Bebel sieht ihn (ein Jahr vor

61

Festung Königstein

dem Ausbruch intensivierter Sozialistenverfolgung) *sehr nahe* vor
sich. Vielleicht bezieht er aus dieser Zuversicht die Gelassenheit, mit
der er seine Haftjahre und nach ihnen den zwölfjährigen Kampf gegen
das Ausnahmegesetz durchsteht.

DAVID BESIEGT GOLIATH

Wegen Beleidigung Bismarcks (in einer Broschüre) wird Bebel abermals für sechs Monate inhaftiert und damit vom Parlament ferngehalten. Auch seine abschließenden Arbeiten über die Frauenbefreiung
werden jetzt durch ein erregendes Geschehnis unterbrochen: Jemand
hat, wenn auch ohne zu treffen, auf den alten Wilhelm I. geschossen.
Wenn die Ost-Berliner «Geschichte der Arbeiterbewegung» (bei der
Erhellung der sozialökonomischen und politischen Hintergründe jener
Ereignisse) bloß bemerkt, daß der Attentäter, Emil Heinrich Max
Hödel, «aus der sozialdemokratischen Partei wegen Unterschlagung

ausgeschlossen»[88] gewesen sei, gibt Bebel in einer Schilderung des prompt hingerichteten *geistig und körperlich zerrütteten* «Attentäters S. Majestät des Deutschen Kaisers» zu, daß die *Ausschließung aus der Partei* erst *zwei Tage vor seinem Attentat* publiziert worden ist. Bismarck hat also seinen «Grund» für das ersehnte «Ausnahmegesetz gegen die Sozialdemokratie». Einen noch besser begründeten Vorwand liefert drei Wochen danach das von Dr. Karl Eduard Nobeling unternommene Attentat gegen Wilhelm I., bei dem der Kaiser schwer verwundet wird.

Ein unbedeutender Mensch und großer Wirrkopf nennt Bebel den zweiten Attentäter, der an einer Säbelwunde stirbt, die er bei seiner Verhaftung erlitten hat. Die Erinnerungen des Ende Mai 1878 aus seiner Haft Entlassenen steuern interessante Angaben bei. Sie gemahnen an die Betrugsmanöver beim Anbruch des Dritten Reichs. Einer Meldung des Wolffschen Telegraphenbüros zufolge gibt Nobeling *in seiner ersten Vernehmung bekannt, er sei Sozialdemokrat und habe Mitschuldige.* Was hilft es, daß solche Nachrichten sich hinterher als *Unwahrheiten und Fälschungen* erweisen? Ein großer Teil der (mit Regierungsgeldern bestochenen) Presse hetzt, und *dieser Presse* schließen sich alle an einer *Niederlage der Sozialdemokratie* Interessierten an, vor allem Unternehmer. Aber Tausende von sozialdemokratischen Arbeitern werden entlassen, andere müssen sich öffentlich von sozialistischen Bestrebungen lossagen. *Patriotische Hausherren* kündigen ihren *sozialdemokratischen Mietern.* Im Mai und Juni werden *521 Personen zu rund 812 Jahren Gefängnis verurteilt. Äußerungen, die vordem keinen Staatsanwalt . . . aus seiner Ruhe aufgescheucht* hätten, werden jetzt *als Kardinalverbrechen angesehen.*

Für Bebel hat die Hetze *ganz besonders mißliche Folgen.* Auf einer sechswöchigen Geschäftsreise nach Nordwestdeutschland und dem Niederrhein, wo er *persönlich nur sehr wenig bekannt* ist und daher unter angenommenen Namen absteigen kann, weil er sonst *nirgends als Gast geduldet* würde, wird er *Augen- und Ohrenzeuge* maßloser Haßausbrüche. Aufträge werden gar nicht erst erteilt oder annulliert, sobald Bebels Identität sich herausstellt. So deckt er nicht einmal die Spesen, obwohl er aus Sparsamkeit den *neun Kilo schweren Musterkoffer* selbst schleppt. Doch er hat kaum Zeit, dem nachzutrauern. Heimgekehrt, stürzt er sich in die *Wahlagitation.* Denn Bismarck hat die im Mai unterbreitete Vorlage zu einem Gesetz gegen die Sozialdemokraten zurückgezogen, nachdem schon dessen Paragraph Eins mit 243 gegen 60 Stimmen (bei sechs Enthaltungen) abgelehnt worden war. Er will jetzt auch die Macht der Nationalliberalen durch eine auf Ende Juli angesetzte Neuwahl brechen — «kolossale Dummheit», schreibt Engels, weil sie das bonapartistische Schaukelspiel Arbeiter-

Goliath: Was Sie gegen mich schleudern, Bebel, ist mir ganz Wurscht!

Karikatur aus den «Berliner Wespen», 28. April 1871

schaft gegen Bourgeoisie und umgekehrt verderben müsse. Während
man «unten» die Wurzeln des Sozialismus üppig dünge, glaube man,
ihn zu töten, wenn man bei der Abgeordnetenzahl oben ein paar Schößlinge abschneide. «Mein lieber Bismarck, cacatum non est pictum [ge-
kackt ist nicht gemalt] »[89].

Das Gesamtresultat der Wahlen ist angesichts dieser Diktatur allerdings *ein Sieg Bismarcks.* Er gewinnt die erste Schlacht, indem die
Nationalliberalen von 137 auf 106, die Fortschrittspartei von 36 auf 26
Mandate zurückgehen. Der Kanzler verfügt fortan über *eine national-
liberal-konservative Mehrheit für ein Ausnahmegesetz* und *eine Mehr-
heit aus Konservativen und Zentrum* für seine neue schutzzöllnerische
Wirtschaftspolitik. Die Sozialdemokraten verlieren über 50 000 Stim-
men und drei «Schößlinge», behalten jedoch zwei in der Hauptwahl
(Liebknecht und Bracke) und sieben im zweiten Wahlgang, darunter
Fritzsche, Vahlteich und Bebel. Dieser schlägt in Dresden Richard Frei-
herr von Friesen, Minister a. D., mit 11 500 gegen 10 500 Stimmen.
Mitte September kann der nun schon anerkannte Führer der Arbeiter-

schaft von der Reichstagstribüne aus «wichtige Hinweise für den bevorstehenden illegalen Kampf»[90] geben. *Die Arbeiter werden ... mit der äußersten Zähigkeit für ihre Überzeugungen eintreten, sie werden in Werkstätten, in Fabriken, in der Familie und im Bierhaus, auf der Eisenbahn, sonntags auf Spaziergängen und an vielen anderen Orten, wo sie niemand genau zu kontrollieren imstande ist, zusammenkommen.*[91] Wenn auch der Ausdruck jetzt noch fehlt: die Strategie des Widerstands ist entworfen.

Der 19. Oktober 1878 ist abermals ein schwarzer Tag für den deutschen Parlamentarismus. Mit 221 gegen 149 Stimmen wird das jetzt vorgelegte «Sozialistengesetz» angenommen. Es verbietet alle sozialistisch gerichteten Organisationen, erlaubt die Unterdrückung sämtlicher wichtigen sozialistischen Presseorgane, untersagt jede Versammlung sozialistischen Charakters. Darüber hinaus wird die lokale Verhängung des «Kleinen Belagerungszustands» ermöglicht und damit kurzfristig angesetzte Ausweisungen. Ende November trifft dieses Schicksal Berlin und Umgebung, im nächsten Jahr Hamburg-Altona, im übernächsten Leipzig. Ein weiteres Jahr, und Bebel selbst wird von dort ausgewiesen.

Im postumen, dritten, von Kautsky herausgegebenen Memoirenband werden seine *Kämpfe mit der deutschen Polizei*[92] humorvoll geschildert: wie man ihm bald *allergnädigst* gestattet, *zwei-, höchstens dreimal im Jahre, zwei Tage in die Stadt zu dürfen*, um sich geschäftliche Informationen zu holen. Wie Geschäftsfreunde scherzen, *Majestäts* Anwesenheit sei evident, weil *seine Leibwache* in Gestalt eines Polizeipostens *vor der Türe* stehe. Ein Arbeiter, der dem Polizisten zornige Worte zuruft, bezahlt dafür mit acht Tagen Haft. Die Überwachung findet auch dann statt, wenn Bebel nach genauer vorheriger Anmeldung auf der Durchreise Leipzig berührt bzw. sofort von einem Bahnhof zum andern zu eilen hat. Einen längeren Aufenthalt gewährt man ihm notgedrungen Mitte Mai 1882. Damals steht er nämlich *wegen Beleidigung des Bundesrats (durch ein scharfes Wort ... in einem dort erschienenen Wahlflugblatt über das Sozialistengesetz)* vor Gericht. Die Verhandlung endet mit *Verurteilung zu einem Monat Gefängnis.* Am Tag der Gerichtsverhandlung besucht der Verurteilte (er ist von 1881 bis 1891 Abgeordneter des sächsischen Landtags) ungehindert, wenn auch *in respektvoller Entfernung* von einem amtlichen *Schutzengel* begleitet, Sachsens Hauptstadt. Kurz vor Pfingsten wird der angeblich *fluchtverdächtige Landtagsabgeordnete* jedoch auch dort verhaftet und abermals wegen *Beleidigung des Bundesrats* zu zwei Monaten Gefängnis verurteilt. Im August steht er wegen einiger Wahlflugblätter sogar zweimal vor dem Leipziger Landgericht und erntet dabei weitere zwei Monate.

Im letzten Abschnitt der Erinnerungen erzählt Bebel, wie er im Winter die auf vier Monate verkürzte Strafe absitzt und während eines Besuchs seiner Frau von dem bewachenden Beamten erfährt, daß die beschlagnahmten Flugblätter, statt *dem Feuertode* zu verfallen, *durchs ganze Land gewandert* sind. Ebenso ergeht es zweihundert konfiszierten Exemplaren der *Frau*, die *in die Hände der Gerichtsbeamten* geraten: (Wer damals als «normaler» Bürger das Buch erwerben will, muß in Parteikreisen nach «Frau Julie» fragen. Unter diesem Decknamen wird die erste Auflage «binnen wenigen Monaten»[93] verkauft.) Die «einschneidendste Maßregel»[94], das Verbot einer Vielzahl nicht periodischer Druckschriften und – mit zwei Ausnahmen – der gesamten sozialdemokratischen Tagespresse wird also ungewollt durchkreuzt. Zu den beabsichtigten sozialistischen Durchkreuzungsmanövern gehört einerseits auch eine schon Ende 1878 sechsmal wöchentlich erscheinende «Gerichts-Zeitung», die, als «Tageblatt für Hamburg, Altona und Umgebung» getarnt, im ersten Jahr mit Berichten «aus dem Gerichtssaal» gespickt wird. Manche Sozialdemokraten beziehen dieses Auffangorgan gleich in mehreren Exemplaren. Andererseits werden ab Mitte 1879 illegale Zeitungen in deutscher Sprache aus dem Ausland eingeschleust. Mosts Wochenblatt «Freiheit», anfangs in London, später in New York redigiert, gibt sich zur Irreführung der Polizei die verschiedensten Namen, darunter auch einmal «Bismarck». Der Obrigkeit wird es indessen nicht schwer, gegen die Verteiler des Blatts gerichtlich vorzugehen, nachdem besoldete Lockspitzel seine zunehmend anarchistische «Propaganda der Tat» immer hemmungsloser gestaltet haben, um damit den Zitatensack des Innenministers für Reichstagsberatungen über die Verlängerung des Ausnahmegesetzes anzureichern.

«Etwas anständiger als die der ‹Freiheit›»[95] findet die Berliner politische Polizei die Schreibweise des vom Herbst 1879 an in Zürich erscheinenden «Sozialdemokrat» (anfangs «Internationales Organ der Sozialdemokratie deutscher Zunge»). Der nur gelegentlich als Antwort auf die anarchistische Konkurrenz ruppige Ton der Züricher – im Prinzip scheinen sie entschlossen, *die Freiheit mehr durch vornehmes Ignorieren als durch direkte Angriffe unmöglich zu machen*[96] – ist aber nicht das Wesentliche. Nach einigem Tasten organisiert man eine repräsentative Redaktion, in der Arbeiterkorrespondenten eine beachtliche Rolle spielen, schützt sich vor Infiltration, sichert den Vertrieb, in steigendem Maß auch das heimliche Drucken eines Teils der Auflage in Deutschland und gewinnt durch enge Verbindung mit dem «marxistischen» Londoner Denk-Zentrum einen Generalstab, dem niemand in Bismarcks Imperium gewachsen ist. Einer Spezialstudie verdanken wir die Kenntnis der Tatsache, daß von 1879 bis 1881 von

A NŐ
ÉS A SZOCIALIZMUS

ÍRTA

BEBEL ÁGOST

A 44. NÉMET KIADÁS UTÁN FORDÍTOTTA

SOMOGYI BÉLA

- BUDAPEST
NÉPSZAVA KÖNYVKERESKEDÉS KIADÁSA
1907

---

5. СОЦИЈАЛИСТИЧКА БИБЛИОТЕКА 5.

АВГУСТ БЕБЕЛ

ЖЕНА И СОЦИЈАЛИЗАМ

ПРЕВЕЛИ

Д. Туцовић и Д. Поповић

БЕОГРАД, 1909. ИЗДАЊЕ
СОЦИЈАЛИСТИЧКЕ КЊИЖАРЕ ЦЕНА 3. ДИН

AUGUST BEBEL

KVINNAN
I FORNTIDEN, NUTIDEN OCH
FRAMTIDEN

ANDRA UPPLAGAN
MED FÖRFATTARENS TILLÅTELSE ÖFVERSATT FRÅN ORIGINALETS
TRETTIOFJÄRDE OMARBETADE UPPLAGA

STOCKHOLM
BJÖRCK & BÖRJESSONS FÖRLAG

SOCIJALISTIČKA BIBLIOTEKA IV.

AUGUST BEBEL:
ŽENA
I SOCIJALIZAM.
PREVEO LJUBOMIR WIESNER.

ZAGREB 1913.
IZDALA „NAŠA SNAGA". JUGOSLAVENSKA SOCIJALISTIČKA
NAKLADNA ZADRUGA. TISAK PUČKE TISKARE D. D.

---

*Bebels Schrift «Die Frau und der Sozialismus» in vier Übersetzungen
(aus Bebels Bibliothek)*

Der Sozialismus erweckt das Proletariat aus seinem
politischen Schlaf

Symbolische Darstellung von Walter Crane

jeder Nummer des «Sozialdemokrat» bis zu 2741 Stück im Bereich des
Sozialistengesetzes zirkulieren. Mehr als 1000 Exemplare je Nummer
gehen schließlich über die Vertretungen in Zürich, Basel, Genf, Paris,
Kopenhagen, Antwerpen, Gent, Brüssel, Verviers, London, New York,
Philadelphia, Chicago, Cincinatti und St. Louis.[97] Ruhender Pol im
Züricher Exil, namentlich beim Redigieren, ist Eduard Bernstein, ein
emigrierter ehemaliger Bankangestellter[98], den Bebel *bereits 1871 in
Berlin* kennenlernt. Vom Reich aus ist niemand aktiver als er bei den
zuerst allzu zaghaften publizistischen Gegenschlägen. Im letzten Erin-
nerungsband widmet er ihnen nicht weniger als vierzig Seiten.

Hinzu kommt, was Bebel als seinen *Kanossagang nach London* verulkt. In Wahrheit ist der achttägige Besuch ein Höhepunkt seines Lebens. Ebenso ergeht es Bernstein, der die gemeinsame Pilgerfahrt, um den für ihn zu heiß gewordenen Boden der Heimat zu meiden, erst von Calais aus mitmacht. *In London angelangt*, gehen sie zu Engels, der gerade, zwischen 10 und 11 Uhr, beim Frühstück sitzt, weil er nie vor 2 Uhr ins Bett kommt. *Sehr liebenswürdig*, redet er (wie es auch Marx machen wird) den deutschen Genossen *sofort mit Du an* und lädt ihn ein, bei ihm zu wohnen. Sonntags sind alle bei Marx, der *von Frau und Kindern immer Mohr angeredet* wird, zu Gast. Bebels unvergeßlicher Eindruck: *mit welcher Herzlichkeit und Zärtlichkeit Marx, der zu jener Zeit überall als der schlimmste Menschenfeind verschrien* wird, *mit den beiden Enkelkindern zu spielen* weiß. Die Hauptsache ist natürlich *Meinungsaustausch nach allen Seiten*, insbesondere hinsichtlich des Hauptredakteurs am «Sozialdemokrat». Nachdem Hirsch wenig Lust zeigt, London zu verlassen, um Georg von Vollmar, der nach Deutschland zurückkehren will, an Ort und Stelle zu ersetzen, schlägt Kautsky – er hat 1877 Bebels Bekanntschaft gemacht – Bernstein vor.[99]

Bezeichnend für die vom Frühjahr 1880 an auf ein Jahrzehnt herrschende Hochstimmung der zum Gegensturm übergehenden Erzfeinde Bismarcks sind zwei Berichte Kautskys. «Vorgestern abends kam hier Bebel an, natürlich in aller Stille», schreibt er seinen Eltern. «Am andern Tage sagte uns (Bernstein und mir) beim Mittagessen der Wirt, der nicht weiß, daß wir Sozialdemokraten sind: ‹Der Abgeordnete Bebel ist hier. Es hat ihn einer gesehen.›» Neuigkeiten verbreiten sich in einer Kleinstadt, wie Zürich es noch ist, auch ohne Telefon. Bebel zu Ehren wird eine Kahnfahrt veranstaltet, an der sich die ganze sozialistische Kolonie beteiligt. Anschließend findet eine große Versammlung statt, mit dem Thema: «Die kommende Revolution». Bebel spricht «unter allgemeinem Beifall». Kautsky wagt es dennoch, unvorbereitet gegen den «glänzendsten und beliebtesten Redner in der Partei» aufzutreten. «Wenn wir so vorgehen, wie mein Vorredner es angedeutet hat, so nehmen die Bauern ihre Dreschflegel und schlagen uns allesamt tot.» Kautskys Argumente gegen Bebels Vorschlag, die Bauern nach Eroberung der politischen Macht in den Städten auf die Seite des Sozialismus zu ziehen, erwecken Zustimmung, bis Bebel im Schlußwort «die Lacher auf seine Seite» bringt, «besonders durch die Ankündigung, wenn wir (Bernstein, der sich auf meine Seite gestellt hatte, und ich) in der tatsächlichen Revolution uns so reaktionär gebärden würden wie heute, werde er dafür sorgen, daß wir hinter Schloß und Riegel gebracht würden». Das wird «lachend angedroht, lachend aufgenommen»[100]. Der blutig ernste Test der Geschichte liegt noch fern.

Das Ereignis jenes Jahres ist der erste illegale Kongreß der deutschen Sozialdemokratie, der im Herbst in einem unbewohnten Schweizer Ritterschloß zusammenkommt. Nur der Stab des «Sozialdemokrat» kennt den Ort. Die auswärtigen Teilnehmer haben sich in Winterthur einzufinden, wo zwei Schwarzhaarige ohne Krawatte auf dem Bahnsteig auf und ab gehen, und sie nach «Walhalla» zu fragen. Das ist das Wirtshaus «Zum Ochsen», in dem man sich legitimieren bzw. auf Herz und Nieren prüfen lassen muß, ehe man ins Schloß Wyden gelangt. Dort wird «sehr romantisch, ganz militärisch» (so Kautsky) auf Stroh übernachtet. Der betagte Liebknecht und Bebel – in ihm werden unangenehme Erinnerungen an die Handwerksburschenzeit wach – schlafen im nächsten Dorf. Sie werden *vom Wirt «Zum Hirschen» sehr freundlich empfangen und mit gutem Landwein, Schwarzbrot mit frischer Butter und vorzüglichem Schweizerkäse gelabt.*

Die Hauptbeschlüsse der 56 Delegierten faßt ein Aufruf Bebels zusammen. Er verlangt *Mut, gepaart mit Klugheit.* Unter den herrschenden Verhältnissen ist *jedes Mittel recht, das Erfolge sichert.* Es heiße sich organisieren, *einerlei, wie;* unermüdlich agitieren und *für Agitations- und Unterstützungszwecke an jedem Ort und in jeder Form* sammeln. *Zum Kriegführen gehört Geld, Geld und wieder Geld.* Und noch eine väterliche Warnung: *Ihr sollt vorsichtig sein … aber ihr dürft nicht feig sein.* Daß solche Ratschläge nicht auf taube Ohren stoßen, beweisen die praktischen Resultate, darunter im Frühjahr 1883 eine zweite geheime Zusammenkunft, diesmal in Kopenhagen. Genauso wesentlich vom «marxistischen» Standpunkt aus, zu dem Bebel nach dem eben erfolgten Tod Marx' unter Engels' ständiger Anleitung mehr und mehr vordringt, sind die materiellen Zustände. *Unsere ökonomische Abwirtschaftung schreitet ruhig, aber sicher weiter,* konstatiert Bebel in einem Brief aus Borsdorf bei Leipzig (*hart an der Grenze des Belagerungszustandsgebiets*) nach dem Kopenhagener Kongreß. *Der Eisenmarkt zeigt allgemeine Stagnation: der Kartellvertrag der böhm(ischen) Eisenindustriellen ist ganz neuerdings auch in die Brüche gegangen. Im sächs(ischen) Vogtland ist in der Stickereibranche infolge des Ausbleibens amerikanischer Bestellungen eine große Krise im Anzug, ebenso in der Spielwarenbranche des Thür(inger) Waldes. Andere Industrien, die vom amerik(anischen) Markt abhängen, werden bald in die gleiche Lage kommen.* Nach einer nicht minder pessimistischen (oder soll man sagen: optimistischen?) Beurteilung der Agrarlage heißt es: *Auch das Baugeschäft – das ich speziell kenne – liegt zum größten Teil sehr danieder.*[101]

Angesichts einer solchen Diagnose scheint *die ganze agitatorische Tätigkeit und insbesondere die parlamentarische* gar nicht mehr der Mühe wert. Engels ist jedoch anderer Meinung. «Daß Du lieber n i c h t im Reichstag sitzest, glaub' ich Dir gern. Aber . . . vor Jahren schon schrieb mir Bracke: von uns allen ist es doch nur Bebel, der wirklichen parlamentarischen Takt hat. Und das habe ich immer bestätigt gefunden . . . und unter dem Soz [ialisten] -Gesetz ist dieser einzige offen gebliebene Weg absolut nicht zu entbehren.»[102] Zur Reichstagswahl vom Herbst 1884, bei der die sozialdemokratische Fraktion von 13 auf 24 Mitglieder steigt (Bebel wird in Hamburg und Dresden gewählt), verteilen ihre Wahlhelfer «mit einer Präzision», als handle es sich «um eine Parade», über eine Million Exemplare ihres Wahlmanifests. Bebel, in Plauen bei Dresden, wohin er nun umgesiedelt ist, sieht sich bereits *mit Riesenschritten der Revolution entgegengehen*[103], während Engels skeptischer bleibt. Ende 1885 schreibt sein begabtester Jünger: *Klagen, die entsetzlichsten Klagen, wohin man hört. Und zwar nicht bloß bei den Arbeitern, da ist's selbstverständlich, auch nicht bei den kleinen Mittelleuten, die massenhaft vor dem Bankerott stehen, sondern selbst bei den Großen und Größten.* Er legt sich *jeden Tag mit dem Gedanken schlafen*, daß *das letzte Stündlein* der bürgerlichen Gesellschaft *in Bälde schlägt*[104]. Und noch von einer ganz anderen Seite, aus Übersee, fliegt den deutschen Sozialdemokraten Hilfe zu.

Im Winter 1886 kehrt Liebknecht nach einer amerikanischen Werbereise mit nicht weniger als 16 000 Mark (Goldmark!) für den Wahlfonds zurück. Engels, der Bebel anrät, «das progressivste Land der Welt mit eigenen Augen zu sehen», und sich für die Partei Vorteile davon verspricht, drängt ihn, «unter allen Umständen»[105] mitzureisen. Doch der sichtlich überforderte Agitator winkt ab. *Mir hat die Agitation im 19. Wahlkreis erst wieder gezeigt, daß ich meinen Sprachorganen keine allzu großen Zumutungen mehr machen darf. Fünf oder sechs Versammlungen halte ich aus, aber alsdann bin ich fertig. Nun soll ich aber in Amerika mehrere Wochen lang fast Tag für Tag öffentlich reden, dazu kommen die Reisestrapazen, die Anforderungen, welche die zahlreichen Bekannten allerorten an private Auskunft und Unterhaltung stellen, jede Nacht kommt man ungewöhnlich spät zu Bett . . . Endlich habe ich bei meiner Frau und Tochter heftigen Widerspruch gefunden; sie bilden sich ein, ich ginge auf der Reise zugrunde.*[106] Zwar hat Julie im Frühjahr 1887 auf Engels' Frage, wie es seinem Freund Bebel «in der Zwickauer Versorgungsanstalt»[107] gehe, erwidert: «Wir haben ihn einmal besucht, und er sah nur etwas bleich und wüst aus, sonst aber ganz kräftig, und so hoffe ich, daß er ungebrochen an Körper und Geist auch diesmal zu uns zurückkehren wird.»[108] Nichtsdestoweniger ist es ein Kampf auf Leben und Tod, den der körperlich und gesellschaftlich gehandikapte Vorkämpfer menschlicher Freiheiten gegen den deutschen Obrigkeitsstaat ausficht.

Seine Familie und seine Freunde machen meistens gute Miene zum

Das Königliche Landgericht in Elberfeld, um 1890

bösen Spiel. Vor einem im Herbst 1887 bei St. Gallen stattfindenden *allgemeinen Parteitag* teilt Bebel seinem Mentor mit, er habe kürzlich *im besten Wohlsein Sonntag früh fünf Uhr* das Gefängnis verlassen und sei gleich *von einer großen Korona von Genossen* empfangen worden. Sie sind (*auch Frauen dabei*) teilweise *vier und fünf Stunden weit* marschiert. Das Zimmer in Plauen ist *in eine vollständige Orangerie umgewandelt*, mit Girlanden geschmückt worden. Es regnet *Telegramme und Briefe*[109]. Einen Monat später wird das *Wohlsein* von *einem heftigen Katarrh* verjagt, der ihn *zwei Tage*[110] ans Bett fesselt. Auf einer stürmischen Rückfahrt von dem kurzen Erholungsurlaub wird er im Spätherbst *auf dem Kanal* schwer seekrank. Es wären Lappalien, hätte dieser Mann mit der labilen Gesundheit nicht auch so viel anderes auszustehen. Im gleichen Brief muß er melden, daß einer der führenden Parteifreunde *geisteskrank* geworden ist, im nächsten, daß ein ihm sehr nahe Stehender, der Berliner Kaufmann Paul Singer, infolge judenfeindlicher *Hetzereien*[111] aus seinem Geschäft austreten muß. Ein Jahr darauf erfährt Engels, daß Bebel im Düsseldorfer Geheimbundprozeß und im Münchner Sozialistenprozeß als Entlastungszeuge auftreten muß. *Die Geschichte wird mir etwas viel; denn sie kostet viel Zeit*, schreibt Bebel: *Ich weiß vor Arbeit und Inanspruchnahme nicht, wo anfangen.*[112]

Die größten Anstrengungen erfordert ein Mammutprozeß im Wuppertal, zu dem 468 Zeugen geladen sind. In Barmen-Elberfeld ist schon nach dem Wydener Kongreß eine Untersuchung wegen Teilnahme an einer Geheimverbindung eingeleitet, dann jedoch niedergeschlagen worden. Im Frühjahr 1888 werden bei 330 Familien Haussuchungen abgehalten. Fünfzehn Personen werden verhaftet und bleiben drei Monate in Untersuchungshaft. Die Voruntersuchung, die sich mit 128 Angeklagten beschäftigt und bis zum Herbst 1889 hinzieht, versetzt den Parteiführer in begreifliche Ängste. Selbst bei einem Freispruch wird der Prozeß *nicht allein eine Menge Zeit, sondern auch enorme Kosten* verschlingen – *ein gewaltiger Aderlaß*[113]. Nach der Verhandlung vor der zweiten Strafkammer des Elberfelder Landgerichts werden «vor allem dank Bebels Verteidigung»[114] 42 der 87 verbliebenen, auf «numerierten Gartenstühlen» sitzenden Angeklagten freigesprochen, 45 zu Gefängnisstrafen von zwei Wochen bis sechs Monate verurteilt.

Obwohl Bebel, im Laufe des Prozesses von Nr. 91 zu Nr. 4 aufgerückt, nicht zu den Verurteilten gehört – *das Gericht hat sich in der Verurteilung der einzelnen sehr anständig gehalten (das muß ihm der größte Feind lassen)* –, kann ihn kaum ein härterer *Nackenschlag* treffen. Er hat in seinem Leben noch *keiner aufregenderen Verhandlung* beigewohnt, versucht man doch, *einem mit allen, aber auch mit allen Mitteln den Genickstoß zu geben.* Daß er es bei seiner Verteidigung mit der historischen Wahrheit nicht immer allzu genau nimmt, ist seine Gegentaktik. Sodann quält ihn *das Hinzerren des Prozesses in und über die Feiertage.* Am Weihnachtsabend kommt er aus Elberfeld *nach durchfahrener Nacht* mittags zu Hause an, trifft Julie, *während Frieda zum ersten Mal fern von der Heimat in der Schweiz ist*, mit *Influenza* an und muß, ehe sie kuriert ist, am zweiten Feiertag wieder die Nacht hindurch reisen, um wenige Stunden nach seiner Ankunft eine *zweieinhalbstündige Verteidigungsrede* und dann noch *eine Replik gegen den Staatsanwalt* zu liefern. *Es ist jetzt das achte Mal, daß mir in den dreiundzwanzig Jahren unserer Ehe die Weihnachten so verhauen wurden.*[115] Engels ist entsetzt: «Was preußisch-deutsche Staatsanwalterei sich da geleistet hat ... Französischen Juristen – von englischen gar nicht zu reden – würden dabei die Haare zu Berge stehen.»[116] Als Rache wünscht er bei den bevorstehenden Wahlen der deutschen Partei «1 200 000»[117] Stimmen.

Es werden insgesamt 1 427 298 Stimmen gegenüber 763 128 im Jahre 1887, oder 19,75 Prozent der abgegebenen Stimmen. Nach den Stichwahlen und einschließlich einer Nachwahl erhöht die Fraktion ihre Zahl auf 36. *Die Mienen der Gegner könnt Ihr Euch denken*[118], schreibt Bebel, obschon er an *dem starken Katarrh* leidet, den er sich

Otto von Bismarck. Gemälde von Franz von Lenbach, 1890

August Bebel, 1891

auf der *Agitationsreise geholt* hat. Doch was tut's? *Eins haben wir durch unseren gloriosen Wahlsieg erreicht, das Sozialistengesetz ist geflogen. Ich halte für ausgeschlossen, daß man es noch einmal bringt, und so kann es wohl kommen, daß es ruhig abläuft und wir vom ersten Oktober ab wieder in den normalen Stand eintreten.*[119] Normalität heißt in diesem Fall uneingeschränkter Kampf. Im Herbst übersiedelt Bebel in die Reichshauptstadt. Neunzehn Jahre sind verstrichen, seitdem er im Reichstag die Annektierung von Elsaß-Lothringen als *Schandfleck in der deutschen Geschichte* verdammt und Bismarck erwidert hat, daß eine solche Rede «in diesem Saale einer Antwort nicht bedarf»[120], und ein gutes halbes Jahr ist es her, daß der Kanzler sein Amt hat niederlegen müssen.

Wenn Bismarcks Sozialversicherungsgesetzgebung nicht einmal dem sozialreformerisch gestimmten neuen Kaiser genügt — um wieviel weniger vermag der Mann seinen Sturz zu bedauern, der vor zehn Jahren im Reichstag die Gefühle der von Bismarcks Polizei Verfolgten formuliert hat: *Nichts wie Haß, nichts wie Erbitterung, eine Erbitterung, die schließlich allgemein zu dem Glauben und der Überzeugung führen muß, daß nichts anderes mehr übrig bleibt, als der gewaltsame Umsturz des Bestehenden.* Auch wirtschaftlich kriselt es. *Einen guten Boden für uns bereitet wieder die Krise, die mit aller Macht hereinbricht*, schreibt er an den fast siebzigjährigen Engels. Die Botschaft mündet in die Voraussage: *Zehn Jahre mußt Du noch mindestens mitmachen, dann, denke ich, haben wir's an allen vier Zipfeln.*[121] Wie er Goliath überwunden hat, wird David die Philister schlagen.

ZWISCHEN REVOLUTIONARISMUS UND REVISIONISMUS

Das Jahrzehnt, nach dessen Ablauf der Endsieg zu erwarten war, begann mit einigen nicht eingeplanten Hindernissen. Auf der einen Seite bedurfte es *größter Umsicht und Geschicklichkeit*, um das Erlöschen der Ausnahmegesetzgebung nicht durch spektakuläre Konflikte zu gefährden. *Ließen wir jetzt den Leuten die Zügel schießen, solche Konflikte wären unausbleiblich; denn die Wahlen haben den weniger geschulten Massen die Köpfe verdreht, und sie glauben, bloß wollen zu müssen, um alles durchsetzen zu können.* Vor der 1890 zum erstenmal herannahenden Maifeier hatte eine dem durchschnittlichen Geschäftsstand entsprechende *Nachfrage nach Arbeitern* ein allgemeines *Streikfieber* erzeugt und damit die Gefahr einer *lärmenden Demonstration.* Nach dem von ihm gern zitierten jesuitischen Wahlspruch: *mäßig in der Form, aber fest in der Sache,* billigte Bebel einen Mitte April gefaßten Fraktionsbeschluß, von «allgemeiner Arbeitsruhe» abzusehen. Er strebte (dem «marxistischen» Stufenplan gemäß) danach, die beiden freisinnigen Fraktionen an die Macht zu bringen. Deshalb mußte *alles, was wir auf politischem Gebiete fordern, der Sympathie der bürgerlichen Kreise sicher sein . . . ohne in schwächlichen Opportunismus zu fallen oder den Schein, als dächten wir zu paktieren, auf uns zu laden*[122]. So vorsichtig lauerte Bebel auf seine Stunde, während der weniger bedächtige «Alte» (d. h. Liebknecht) einen entschiedeneren Mai-Aufruf verlangte.

Auf der anderen Seite erhoben besonders in der Berliner Parteiorganisation und -presse die «Jungen» wütend ihre Stimmen, als die vorsichtigen Instruktionen der «alten Knasterbärte» bekannt wurden. *Dem Streit mit den Berlinern ist nicht die geringste Bedeutung beizumessen*[123], meinte der in die Verteidigung gedrängte Bebel in einem Lagebericht an Engels. Bald stellte sich aber heraus, daß die «Halb-Anarchistelei»[124] (Bernstein) verbreiteter war, als die Parteileitung annahm. In einem Korrespondentenbeitrag des nun aus London von ihm redigierten «Sozialdemokrat» ließ Bernstein «die Wunderkraft des Glaubens an die alleinseligmachende Revolution, die als gebratene Taube vom Himmel herunter den Gläubigen in den Mund fliegt»[125] verspotten. Die «Verschwörung»[126] (Liebknechts Terminus) war immerhin wichtig genug, um einer Anzahl von Volksversammlungen vorgelegt zu werden. In Berlin ergriffen «ca. 4000 gegen einige hundert Stimmen»[127] für Bebels Linie Partei. *Zehntausende demonstrierten außerdem (in seiner Darstellung) vor dem Versammlungslokal, füllten weit und breit alle Straßen und Plätze.* Als man Bismarcks Besieger auf dem Gang nach dem Lokal erkannte, *erhob sich ein Bravogeschrei, daß ich für mein Trommelfell fürchtete.* Die Menge riß ihm *fast die Kleider vom Leibe* und wollte ihn *um jeden Preis nach dem Versammlungslokal tragen*[128]. Engels gab Bebel aus London Schützenhilfe, indem er in einer Zeitungszuschrift die innerparteiliche Opposition als «Literaten- und Studentenrevolte» und ihre Marschroute als «Gymnasiastenpolitik» einer kleinen «Sekte»[129] abtat. Hatte er seine eigenen radikalen Anfänge vergessen? Ging es Bebel um Kürze und Prägnanz, als er der Anregung zustimmte, die jetzt wieder legale und deshalb auf einem Parteitag in Halle umstrukturierte Organisation im Gegensatz zur ehemaligen Sozialdemokratischen Arbeiter-Partei (auch Eisenacher Partei genannt) und der Gothaischen vereinigten Sozialistischen Arbeiter-Partei schlichtweg Sozialdemokratische Partei Deutschlands zu nennen?

Die Endziele der beiden führenden, zur Vorsicht mahnenden Köpfe blieben jedenfalls unverändert. Engels, mit dessen Perspektive Bebel in

diesem Jahr besonders einverstanden war, tadelte Liebknecht: «Wir
dürfen uns nicht im Siegeslauf irremachen lassen, nicht unser eignes
Spiel verderben, nicht unsre Feinde verhindern, unsre Arbeit zu tun.
Ich bin also darin Deiner Meinung, daß wir für j e t z t so friedfertig und
gesetzlich wie möglich auftreten und jeden Vorwand zu Kollisionen
vermeiden müssen. Freilich halte ich Deine Philippiken gegen jede
Gewalt, in jeder Form und unter allen Umständen für unangebracht,
erstens weil Dir doch kein Gegner das glaubt – so dumm sind sie doch
nicht – und zweitens weil ich und Marx nach Deiner Theorie demnach
Anarchisten wären, da wir nie gesonnen waren, als gute Quäker die
linke Backe auch hinzuhalten, falls uns jemand auf die rechte hauen
sollte. Diesmal hast Du entschieden etwas übers Ziel hinausgeschos-
sen.»[130] Und als Liebknecht im Berliner «Vorwärts» allzu scharf von
einem wilden Kohlenstreik an der Ruhr abrückte, beklagte Engels sich
bei Bebel: Liebknecht kenne keine «Mitteltöne». Wenn er sich verpflichtet glaube, «der Welt zu beweisen, daß unsere Partei zu diesem
Streik nicht gehetzt und sogar abgewiegelt hat, so gnade Gott den
armen Streikern; auf sie wird weniger Rücksicht genommen, als wün-
schenswert ist, damit sie bald zu uns kommen»[131]. Der Grundgedanke
war also nach wie vor die Organisierung des Proletariats für die sozialistische Revolution.

Deshalb rief Engels, der in immer neuen Varianten die Freiheit ver-
teidigte und darin auch oft von Bebel nachgeahmt wurde, den Deutschen mahnend zu: «Macht keine unnötigen Märtyrer, zeigt, daß Freiheit der Kritik herrscht, und w e n n herausgeworfen werden muß, dann
nur in Fällen, wo ganz eklatante und vollauf erweisbare Tatsachen –
overt facts – der Gemeinheit und des Verrats vorliegen!»[132] Das hielt
Bebel im Herbst 1891 auf dem Erfurter Parteitag nicht von einem
Tanz[133] mit seiner Opposition ab, die er *kläglich und erbärmlich*[134]
schalt. Es endete mit ihrem Austritt wegen «undemokratischer Kampf-
fesweise»[135] Bebels. Die Verstoßung der ausgesprochen Linken
hatte natürlich Auswirkungen auf das Verhalten der übrigen, insbesondere der Ultrarechten. Der Erfurter Parteitag, auf dem ein im Wort-
laut wesentlich «marxistisches» Programm angenommen wurde, sah
in der geplanten Eroberung der politischen Macht durch das Parlament
zugleich eine grundsätzliche Abfuhr der Revolutionaristen. An der
Auseinandersetzung mit dem Führer der bayerischen Sozialisten, Georg Edler und Ritter Vollmar auf Velteheim, dem Sprößling einer
Beamten- und Offiziersfamilie, der eine Zeitlang radikaler war als
Bebel, dann jedoch ausgesprochen reformfreudig wurde, zeichnete sich
bereits der kommende Streit mit dem sogenannten Revisionismus ab.
Dieses denunziatorische Wort wurde zu Unrecht dem Sündenbock
Bernstein zugeschoben, wenn auch nicht ohne dessen Dazutun.

Als Seele des «Sozialdemokrat» hatte Bernstein Jahr um Jahr zu Engels' und Bebels Genugtuung *das Blatt wacker redigiert und aus ihm gemacht, was gemacht werden konnte* [136]. Bei der Auseinandersetzung mit den «Jungen» hatte er sich dort *sehr gut gehalten, sein Eingreifen war namentlich durchaus taktvoll* [137]. Ein erstes Wetterleuchten war Bebels Entrüstung über den von Bernstein in einer Anmerkung geäußerten Verdacht, Lassalle habe an Syphilis gelitten. *Eine solche Note,* schrieb Bebel, *würde ich mich schämen, meinem grimmigsten Feind auszustellen . . . Ede muß von Sinnen gewesen sein.* [138] Nachdem Bernstein gereizt erwiderte, nur «alte Weiber» könnten daran Anstoß nehmen, schlich sich bei Bebel ungeachtet seines öffentlichen Auftretens gegen den Antisemitismus und seiner Freundschaften mit jüdischen Genossen ein psychologisches Vorurteil ein, wie es zuweilen auch bei Engels (und selbst bei Marx) vorkam. *Wenn . . . zwei Juden sich hassen, hassen sie sich, wie keine zwei andern Menschen hassen können.* [139] Engels, der Bernstein ebenfalls gelegentlich kritisierte, deckte dessen Angriffe auf Lassalle, und Bebel lenkte daraufhin ein. Zugleich machte ihm aber ein Beitrag Bernsteins wieder *einen vertrakt ungünstigen Eindruck. So recht ein Schuß neben die Scheibe.* [140] Und als Engels nach einem sachlichen Meinungsaustausch über Bernsteins Leistungen im Herbst 1892 von «Edes komischem Respekt vor den Fabians» [141] zu reden begann, fand Bebel es *doch wirklich lächerlich, daß Ede so auf die Fabians hält.* Die Folge dieses (später von Bernstein bestrittenen) Einflusses der so bedeutsamen Fabian Society britischer Sozialisten (G. B. Shaw, Sidney Webb, H. G. Wells) war ein Riß, der schließlich zur Kluft wurde.

Engels diagnostizierte Bernsteins «Fabierschwärmerei» als neurotische Krankheitssymptome, nahm jedoch an, sie würden sich von selbst legen, «wenn man nicht auf dem Thema herumreitet» [142]. Ein schärferer Angriff kam bald danach aus Berlin. *Ede schreibt heute wieder in seiner schwachmatigen Weise, die nicht Fisch noch Fleisch ist, im Vorw*(ärts). *Es wird ihm gar nichts schaden, wenn Ihr ihn ein wenig ins Gebet nehmt und ihm die Ohren steif macht.* [143] Zwar erkannte Bebel Bernsteins Verdienste an, als *Ede* Anfang 1893 die deutsche Sozialdemokratie gegen ausländische Vorwürfe in Schutz nahm. Im Herbst des Jahres entstand jedoch infolge eines Artikels von Bernstein ein neues Mißverständnis, und Bebel rügte dessen Inkonsequenz gegenüber der Schweiz als Asylland. Bernsteins Sehnsucht nach der Rückkehr in ein deutschsprechendes Land empfand Bebel als *überreiztes Drängen* [144], wobei er die einer Rückwanderung entgegenstehenden Widerstände anscheinend übertrieb. Bebel spottete anfangs über Bernsteins Bemühen, *objektiv* [145] zu sein; im Herbst 1894 wurde er schärfer: *Ede wird in seinen Berichten immer lahmer und diplomati-*

scher; man merkt, daß er ganz und gar der Fühlung mit den praktischen Verhältnissen und der Agitation beraubt ist; man könnte seine Korrespondenzen entbehren, ohne viel zu verlieren.[146] Daß die Genossen durch wertfreie Informationen aus dem Ausland, wo es für sie ohnehin nicht viel zu agitieren gab, vielleicht gewinnen mochten, lag dem Denken des Parteipraktikers offenbar fern.

Dabei waren Bebel und Bernstein gemeinsame Testamentsvollstrecker ihres Londoner Meisters, nach dessen Hinscheiden die schon vorher vernehmlichen Mißtöne zu einer schrillen Disharmonie wurden. Der erste schüchterne Versuch einer Revidierung des damaligen «Marxismus» durch den, der noch fünf Jahre später meinte, «für die Reform oder die Ausfüllung des Marxistischen Systems» sei, «sofern so etwas überhaupt angeht»[147], die Zeit schwerlich gekommen – darüber ist hinreichend geschrieben worden.[148] Weniger bekannt, weil noch nicht lange ediert, sind Bebels intimere Reaktionen auf Bernsteins «Revisionismus».

Ende 1897 hielt Bebel eine von Kautsky gebrachte Rezension *für
sehr bedenklich*. Es sei *ein Schönes um die Objektivität und um die
Sucht, schiefe Urteile und Beurteilungen in der eigenen Partei berichti-
gen zu wollen*, setzte der Kritiker des Kritikers hinzu, aber man bringe
sich nur gar zu leicht dadurch selbst in eine *schiefe Stellung* [149]. Anfang
1898, als Bernstein einen englischen Maschinenbaugewerbestreik verurteilte, meinte Bebel: *Was würde Engels sagen, sähe er heute, wie
E(de) alles untergräbt, was er einst selbst hat helfen aufbauen.* [150] Im
Herbst des Jahres brandmarkte Bebel Bernsteins Auffassung als *Opportunismus* [151] und bezweifelte gleichzeitig, daß dessen Objektivität
sich auch auf die Herausgabe des Marx/Engelsschen Nachlasses
erstrecken werde. Er hielt ihn nun, falls er nicht in eine total andere
Umgebung käme, für *unverbesserlich* [152] und den *Konflikt* [153] mit ihm
für unausweichlich. Im Frühjahr 1899 bat Bebel darum, (während
Bernstein an Versöhnung mit ihm glaubte), *Ede scharf* (unterstrichen)
zu packen; nur keine Unbestimmtheiten [154] — eine Aufforderung, der

81

Kautsky zu Bebels Freude über den Vorstoß gegen Bernsteins *Abwege*[155] nachkam. Als Kautsky aber Bernstein einige programmatische Konzessionen machte, wetterte Bebel, hierdurch werde ihm *gehörig in die Suppe*[156] gespuckt, und war erst zufrieden, als Kautsky seinen Standpunkt revidierte. *Ede wird nunmehr die Nase voll haben.*[157]

Leider ging das Jahrhundert zu Ende, ohne daß der Kollaps des aristokratisch-bürgerlich-kapitalistischen Systems eingetroffen wäre. Bernstein wandte sich weiterhin gegen den orthodoxen Marxismus, während Bebels Unmut zunahm. Im Sommer 1901 verzeichnete er nach einem allseitigen Sturm auf Bernsteins Vortrag «Wie ist wissenschaftlicher Sozialismus möglich?»[158] befriedigt, daß es mit dem Dissidenten *rasch bergab geht und seine Person bald nur noch ein pathologisches Interesse erzeugt.* Auf dem nächsten Parteitag müsse *die Bernsteiniade unter allen Umständen zur Erörterung kommen.* Der von ihm angerichtete Schaden wiege *alle seine früheren Verdienste weit auf*[159]. Auch *der Bernsteinsche Austritt*[160] aus der Kautskyschen Zeitschrift würde dort behandelt werden. Im Herbst verstieg Bebel sich sogar zu der Behauptung, man könne *nichts Schlimmeres sagen, als wenn man es in Zweifel zieht, ob die Partei auf wissenschaftlichem Boden stehe*[161].

Ausflug mit Genossen, um 1900. Links neben Bebel: Paul Singer

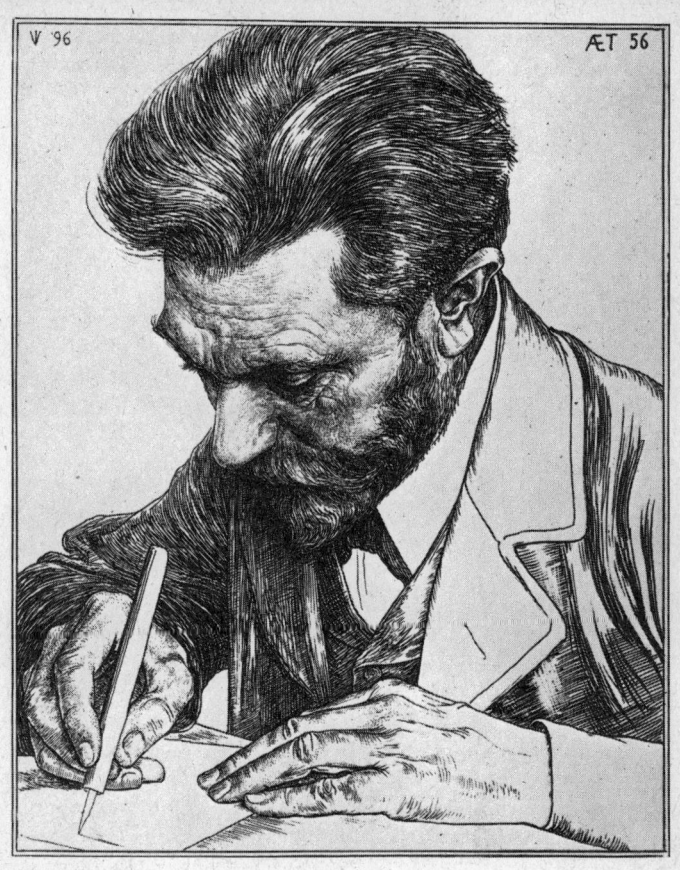

Bebel im Jahre 1896. Holzstich von Jan Veth

Dennoch verkehrte Bebel nicht allein während dieser ganzen Zeit mit Bernstein und dessen Familie (wie es schon Engels getan hatte), sondern interessierte sich sogar für die Zusammenarbeit von Kautsky und Bernstein, sobald es unerwünschte Parteimitglieder zu befehden galt. Die *Ereignisse*, hieß es im Herbst 1902, liefen Bernsteins *Nörge-leien* derart zuwider, daß er *sehr vernagelt* sein mußte, wenn er nicht *zur Besinnung*[162] kam. Offenbar besann Bernstein sich aber nicht, denn Anfang 1903 gab es im Zusammenhang mit dem Marx/Engels-Nachlaß eine wahre Schimpfkanonade. *Infamer Trick, Gemeinheiten,*

83

Gegner des Marxismus, Renegatenart, Oberkonfusionsrat, klammert sich an alles, was ihm Geld oder einen Namen zu bringen verspricht, hieß es. Engels würde ihn *mit einem Fußtritt und dem Ruf: «Hinaus, du Lumpenhund»*[163] *expediert* haben. Als jedoch Bernsteins Isolierung klar wurde, regte sich in Bebel die Fairness: *Es ist doch ein Skandal, wie jetzt alle Bernstein fallenlassen. Dabei ist Bernst(ein) der Harmloseste von allen.*[164] Er blieb auch der *Mitvollstrecker des Nachlasses*[165]. So fungierten die beiden Kampfhähne noch in Bebels Todesjahr als Ko-Editoren eines literarischen Erbes, dem im Grunde keiner von ihnen gewachsen war.[166] Kautsky wurde gebeten, *streng* (unterstrichen) *zu verschweigen, daß etliche Briefe überhaupt nicht abgedruckt wurden, weil sie uns zu haarig waren.* Freund und Feind des «Revisionismus» revidierten also hier einmütig die Marxsche Hinterlassenschaft. Bebel begrüßte geradezu, daß Bernstein in der Einleitung zu jedem der vier Bände einiges *applanieren*[167] werde.

Ein Todfeind des theoretischen Reformismus (dem er in der Praxis nur allzu oft Konzessionen machen mußte), drückte Bebel seine Haltung in dieser Kernfrage vielleicht nie verständlicher aus als mit folgenden Worten: *Was ich aber ganz besonders zu tadeln habe, das ist, ich wiederhole es, daß Bernstein uns förmlich Angst vor dem Siege macht, daß er ihn uns quasi zu verekeln sucht. Daß wir eines schönen Morgens aufwachen und uns mitten in der sozialen Republik finden, glaubt niemand; aber es ist eine ganz verkehrte Taktik, der Partei den Opfermut, die Begeisterung, die Opferfreudigkeit, alles das, was der Kampf im höchsten Maße braucht, durch möglichstes Hinausrücken des Zieles ins Unendliche zu nehmen und alles aufzubieten, um durch Einführung künstlicher Schwierigkeiten dem Glauben an die Möglichkeit des Sieges entgegenzuwirken.*[168] Dem unbegrenzten Zieloptimismus war ein begrenzter Zweckpessimismus nicht im Weg. *Ich stand von jeher auf dem Standpunkt, wenn ich auch tausendmal der Überzeugung bin, wir werden siegen, dann muß ich öffentlich so reden, als wenn ich fürchte, wir werden unterliegen.*[169] Zugleich hatte Bebel fortan eine Opponentin, die in den «Scharmützeln»[170] des beginnenden Revisionismusstreits ihre ersten Kämpfe ausfocht – Rosa Luxemburg.

Die Situation entbehrte nicht der Komik. Ein gutes halbes Jahr nachdem Bebel geschildert hatte, wie Engels den Revisionisten herausgeschmissen hätte, erhielt Kautsky von der später engsten Gefährtin der polnischen Sozialistin brieflich den Wunsch, Engels möchte noch leben, um Bebel «aus dieser Dornröschen-Vorsicht zu wecken»[171]. Bebel wiederum erblickte in Rosa Luxemburgs Radikalismus ein weibliches Element: *sie hat sich zusehr als Frau und zu wenig als Parteigenossin gezeigt und mich dadurch desillusioniert*[172]. In der Folge ließ er ihr gelegentlich durch Kautsky publizistische Ratschläge zukommen. Auch Winke, die mehr ihre Person betrafen, bekundeten das für sie empfundene Wohlwollen. Als «die arme Rosa» im Januar 1904 wegen Majestätsbeleidigung («Der Mann, der von der guten und gesicherten Existenz der deutschen Arbeiter spricht, hat keine Ahnung von den Tatsachen») zu drei Monaten Gefängnis verurteilt wurde und dazu nach Zwickau ziehen mußte[173], erklärte Julie Bebel ausdrücklich, sie tue ihr leid. Im Herbst 1905 ließ Bebel Rosa Luxemburg, die später gegen seinen Rat «Vorwärts»-Redakteurin werden sollte, darum bitten, einen Leitartikel zu liefern und an einer Redaktionskonferenz teilzunehmen.[174] Als Verbündete gegen Revisionisten war sie ihm willkommen.

Dasselbe traf umgekehrt für eine präzisere Frage zu, die der jüngeren, impulsiveren, moderneren Revolutionärin wichtiger war als dem inzwischen 65 Jahre alt gewordenen Bebel. In einem Brief an eine Freundin erläuterte sie ihre Einstellung. Sie sei darin ganz mit ihr einverstanden, daß Bebels Entschließung, die in jenem Jahr (Jenaer Parteitag 1905) zur Frage des Massenstreiks vorgelegt worden war, «sehr einseitig und flach» sei. Ein solcher Streik war für Rosa und ihre Gesinnungsgenossen «nicht als mechanisches Rezept für politische Defensive, sondern als elementare Revolutionsform» aufzufassen. Doch Bebels Rede hatte der Sache «eine andere Wendung» gegeben – sie und «die Haltung der Opportunisten». Wie schon öfters, sah sich die «äußerste Linke» deshalb gezwungen, «trotz wichtiger Differenzen mit Bebel nicht ihn, sondern zusammen mit ihm die Opportunisten zu bekämpfen». Ohne daß Bebel es richtig bemerkt habe, sei der Massenstreik «als eine Form des revolutionären Massenkampfs» behandelt und «das Gespenst der Revolution»[175] heraufbeschworen worden.

Zwei Jahre danach betrachtete Bebel es als *eine wichtige Sache*, der finanziell bedrängten Genossin aus der Klemme zu helfen. *Rosa soll von ihren Lebensmittelgläubigern stark bedrängt werden, sie soll bei verschiedenen derselben Schulden haben, so daß mehrere Anstand nehmen, noch zu liefern.* Treffe das zu, dann solle man nach Möglichkeit *die Beträge feststellen*; und sofern nichts dagegen einzuwenden sei, wolle er *die Angelegenheit im Vorstand vorbringen und die Zahlung der Schulden befürworten*[176]. Die Wärme und Behutsamkeit, mit der vorgegangen wurde, bezeugen Bebels menschliche Qualitäten und seine Hilfsbereitschaft. Im Frühjahr 1910 vermerkte Bebel ohne Mißbilligung, daß Rosa Luxemburg einen von Kautsky abgelehnten Artikel (. . . *sie empfahl in ihm, die Bewegung gegen das preußische Dreiklassenwahlrecht nicht nur durch Straßendemonstrationen, sondern auch durch einen Massenstreik vorwärts zu treiben*[177]) im Dortmunder Parteiblatt unterbrachte.

Allerdings—engagieren mochte Bebel, der Pragmatiker, sich in derlei Fragen nicht. *Jetzt laß nur den Quark mit der Rosa schwimmen; wir haben jetzt anderes zu tun, als uns um ungelegte Eier zu zanken.*[178] Leider ignorierte Kautsky den Rat und polemisierte gegen Rosa Luxemburgs abgelehnten Artikel. In der Polemik, meinte Bebel, *habt Ihr dann hüben und drüben über das Ziel geschossen, Rosa natürlich mehr als Du, und beide habt Ihr den Gegnern Wasser auf die Mühle geliefert*[179]. Das politische Echo war dem Parteiführer das Wesentliche. Sachlich stand er meistens dem zentristischen «Marxismus» Kautskys näher als der linksgerichteten «Marxistin».

In den letzten Lebensjahren nahm Bebels Abstand von der dreißig Jahre Jüngeren allerdings zu. Nun traute er ihr zu, daß bei ihr *die Leidenschaft und der blinde Haß* in Parteivorstandswahlen *den Verstand und die Überlegung*[180] lähmten. Vor einem zweiten, in Jena abgehaltenen Parteitag warf er ihr vor, *in Sachen Marokkokonferenz habe sie bewußt gefälscht und unterdrückt*[181]. Ein andermal tobte er: ... *die Luxemburg ist dem Vorstand gegenüber in einem unzurechnungsfähigen Zustand; sie haut blind auf alles, was vom Vorstand kommt oder nicht kommt.*[182] Als Rosa Luxemburg dem «Vorwärts» ankreidete, er lasse den Russen Leo Trotzki in polnischen Angelegenheiten zu Wort kommen, eiferte sich Bebel: *Großartig. Es ist zum Schreien.*[183] Knapp vor seinem Tod warnte Kautsky ihn, daß «die beiden Weiber» (Rosa Luxemburg und Clara Zetkin) alle zentralen Institutionen angreifen wollten, «Vorstand, Vorwärts, Neue Zeit»[184]. Das «Gespenst der Revolution» erschien in Gestalt einer zerfallenen Sozialdemokratie, in der die künftigen «Spartakistinnen» den kommenden «Novembersozialisten» als Erzfeinde gegenüberstehen würden.

Die «Bandbreite» derart verschiedener Naturen wie Bernstein und Luxemburg, in e i n e r Partei zusammengehalten zu haben, ist bereits eine politische Glanzleistung. An anderer Stelle sind wir den unzähligen Materien nachgegangen, mit denen Bebel sich außerdem fortgesetzt beschäftigte. «Kein zweiter vergrub sich so lange und so intensiv wie er in die Problematik und Praxis der Vereins- und Versammlungsfreiheit, der Koalitionsgesetzgebung, der Erziehungsfragen, der direkten und indirekten Besteuerung, der Flotten- und Armeeangelegenheiten, der Kolonial-, Zoll- und Handelspolitik, der Gewerbefreiheit, der Freizügigkeit, der Genossenschaftsfreiheit, der Volkshygiene, der Armengesetze, Waisengesetze, Gemeindegesetze, Wohnungsgesetze, des Arbeiterschutzes, der Arbeiterversicherung, der als Klassenjustiz empfundenen Rechtspflege. Meistens ging es Bebel hierbei um den ‹under-dog›, ob es nun mißhandelte Soldaten waren oder das damals wirklich noch schwächere Geschlecht, Kinder und Jugendliche, die erst in neuerer Zeit aufgehört haben, die von allen übrigen Unterdrückten

Bebel «droht» Rosa Luxemburg

zu sein, oder nationale und religiöse Minderheiten. Bebel kannte, analysierte, dramatisierte ihre Lage und schlug sofortige Linderungsmittel
sowie radikale Losungen vor.»[185] Hervorgehoben sei sein immer noch
lebendiger Essay über die Gewerkschaft. Der zentrale Gedanke, «die
Einheit und Selbständigkeit der Gewerkschaftsbewegung»[186] ist in unseren Tagen verwirklicht worden. Daß ein Sachkenner von dieser Qualität überall ein begehrter Leitartikler und Wahlredner war, versteht
sich von selbst.

Keine Leistung Bebels vermochte sich jedoch mit der zu messen, die
zweimal ins Englische übersetzt wurde (London und New York), dazu
*ins Französische, Russische, Italienische, Schwedische, Dänische, Pol-
nische, Vlämische, Griechische, Bulgarische, Rumänische, Ungarische
und Tschechische*. Zur 34. Auflage wurde in einem Ende 1902
geschriebenen, kürzeren Vorwort angedeutet, was das Buch bezweckte
und *in hohem Grade erreichte*: *Bekämpfung der Vorurteile, die der
vollen Gleichberechtigung der Frau entgegenstehen, sowie die Propaganda für die sozialistischen Ideen, deren Verwirklichung allein der
Frau ihre soziale Befreiung verbürgen*. Im Oktober 1909 erschien die
von Bebel überarbeitete 50. Auflage des Buches, das nunmehr *in fünfzehn verschiedenen Sprachen* vorlag. Die *Ergänzungen* waren, da der
Verfasser durch Krankheit und *eine andere größere Arbeit* (die Memoiren) behindert war, hauptsächlich dem russischen Sozialhistoriker N.
Rjazanov zu verdanken, der nachher von Stalin verbannt werden sollte. Jetzt bekam der Leser eine Vorstellung von den illegalen Auflagen

unter dem Sozialistengesetz. Zwischen 1883 und 1890 waren sechs Auflagen von je 2500 Exemplaren des Buches erschienen, das nach dem Fall des Gesetzes auf über 500 Seiten erweitert worden war.

Beispiele für Bebels Zukunftsvisionen bot Kapitel 28: *Die Frau in der Zukunft. Die Frau der neuen Gesellschaft ist sozial und ökonomisch vollkommen unabhängig, sie ist keinem Schein von Herrschaft und Ausbeutung mehr unterworfen, sie steht dem Manne als Freie, Gleiche gegenüber und ist Herrin ihrer Geschicke. Ihre Erziehung ist der des Mannes gleich, mit Ausnahme der Abweichungen, welche die Verschiedenheit des Geschlechts und ihre geschlechtlichen Funktionen bedingen; unter naturgemäßen Lebensbedingungen lebend, kann sie ihre physischen und geistigen Kräfte und Fähigkeiten nach Bedürfnis entwickeln und betätigen; sie wählt für ihre Tätigkeit diejenigen Gebiete, die ihren Wünschen, Neigungen und Anlagen entsprechen und ist*

Montage: «Restaurant zum Hippert» in Golzheim bei Düsseldorf und Inserat für eine öffentliche Versammlung

Mit Karl Kautsky und Victor Adler, 1901

Bebel mit Eugen Richter und Reichskanzler Bernhard Fürst von Bülow. Montage von G. Busse

unter den gleichen Bedingungen wie der Mann tätig. *Eben noch praktische Arbeiterin in irgendeinem Gewerbe, ist sie in einem anderen Teil des Tages Erzieherin, Lehrerin, Pflegerin, übt sie in einem dritten Teil irgendeine Kunst aus oder pflegt eine Wissenschaft und versieht in einem vierten Teil irgendeine verwaltende Funktion.* Die Frau der Zukunft trieb Studien, leistete Arbeiten, genoß Vergnügungen und Unterhaltungen *mit ihresgleichen oder mit Männern, wie es ihr beliebt* bzw. der jeweiligen Gelegenheit entsprach.

In ihrer *Liebeswahl* war die zukünftige Frau, auch hierbei dem Mann gleich, *frei und ungehindert*. Sie *freit oder läßt sich freien*, einer Ehe brauchte außer der *Neigung* keine *Rücksicht* zugrunde zu liegen. Der *Bund* würde *ein Privatvertrag ohne Dazwischentreten eines Funktionärs, wie die Ehe bis ins Mittelalter*. Darin werde der Sozialismus *auf höherer Kulturstufe* und *unter neuen gesellschaftlichen Formen*[187] wiederherstellen, was vor der Beherrschung der Gesellschaft durchs *Privateigentum* Allgemeinbrauch war. Sex und Scheidung würden demselben Freiheitsprinzip unterliegen. *Wie ich esse, wie ich trinke, wie ich schlafe und mich kleide, ist meine persönliche Angelegenheit, ebenso mein Verkehr mit der Person eines anderen Geschlechts.* Das waren umstürzende Worte in einer Epoche, wo ein Freiburger Zoologieprofessor «die Forderung, daß die Frau dem Manne politisch und sozial gleichgestellt sei», als «nicht naturgemäß» verwarf, und ein klerikaler Polemiker gegen «A. Bebel und sein Evangelium» den Aus-

90

spruch tat: «Der Familienvater ist ein von Gott gesetzter König; sein Weib und seine Kinder, ihr Leben und ihr Glück bilden sein Königreich.» Seither haben auch bürgerliche Staaten mit einer gut organisierten Arbeiter- und Angestelltenschaft diese «Utopien» weitgehend verwirklicht.

DIE INTERNATIONALE DER ARBEIT

Hätte sich von Bebel (Theodor Heuss rühmte seine «rednerische Naturbegabung»[188]) nichts erhalten außer den markantesten Ansprachen, so rangierte er schon durch sie unter den Großen. «Als zur Niederwerfung des Boxeraufstands die deutschen Kontingente von Wilhelmshaven aus in See stachen, hielt Wilhelm II. zu ihrer Verabschiedung die berühmte Hunnenrede. Das ... Bild vom gnadenlosen Hunnen sollte dem deutschen Volk noch lange anhängen. Die schamlose Offenheit dieser Rede erleichterte es der Weltöffentlichkeit, in ihr eher eine Enthüllung des Charakters der deutschen Nation als des Imperialismus schlechthin zu sehen.» Dann trat Bebel im Reichstag auf, am 10. November 1900. Wäre es «damals auch im Ausland hinreichend bekannt geworden, dann würden die Deutschen nicht mehr so sehr am Verhalten einer der Zahl nach schwachen, aber politisch um so stärkeren Minderheit gemessen ... Bebel sprach für die größte deutsche Partei, die einige Jahre darauf auch die größte deutsche Reichstagsfraktion bilden sollte. Und er war nicht etwa irgendein exaltierter Einzelgänger, sondern einer der besonnensten Exponenten dieser Partei und dieser Fraktion. So retteten seine mannhaften Worte nicht allein die Ehre Deutschlands für jenen Geschichtsabschnitt. Sie gehören zum unverlierbaren deutschen Kulturgut und ehren in alle Zukunft jeden, der sich zu ihm bekennen will.»[189]

Bernhard Graf von Bülow, Bismarcks dritter Nachfolger, hatte *die Dinge so dargestellt, als seien die revolutionären Ausbrüche in China sozusagen über Nacht eingetreten* und *insbesondere weder von seiten Deutschlands noch von seiten der übrigen europäischen Weltmächte China gegenüber Handlungen begangen worden,* die *bei einem großen Teile der Bevölkerung Chinas, dieses Riesenreichs, jene Stimmung erzeugten,* die schließlich revolutionäre Zuckungen hervorrief. Diese Auffassung erklärte der Redner rundweg für falsch. Für ihn war es *eine unbestreitbare Tatsache, daß nicht erst seit heute und gestern und nicht erst seit der Besetzung von Kiautschou durch Deutschland, sondern schon durch eine geraume Reihe von Jahren, die man unter Umständen auf sechs Jahrzehnte zurückdatieren kann, unausgesetzt von seiten der*

Gegen das preußische Klassenwahlrecht

Verurteilt!

Bebel: Der Lehrer fragte den Kleinen, warum er
denn in den Himmel wolle, und was war die
Antwort? **Da hätte ich keinen Hunger
mehr!** Giebt es etwas Empörenderes, giebt
es etwas Aufreizenderes gegen die heutige
Gesellschaftsordnung, als diese Aeußerung des
Kindes? . . .

**Graf v. Arnim: Der Vater hat vielleicht alles
vertrunken!** (Stürmische Pfui = Rufe bei den
Socialdemokraten.)

Bebel: Das ist eine Infamie! D e r H e r r l a c h t,
das ist eine Gemütsroheit! (Stürmische Zu=
stimmung links. Lärm rechts.)

Leitartikel aus «Vorwärts» vom 6. Dezember 1901

*europäischen Regierungen (ich klage keine besonders an, ich mache
hier alle gleich verantwortlich, nur Deutschland kam früher als 1897
noch nicht in Frage) gegenüber China ein Verfahren eingeschlagen
worden ist, das allmählich insbesondere bei den herrschenden Klassen
Chinas und auch in anderen Schichten der chinesischen Bevölkerung
die feste Überzeugung erwecken mußte, daß alle darauf hinarbeiteten,
das große chinesische Reich in die vollständigste Abhängigkeit von
den auswärtigen Mächten zu bringen. So rücksichtslos wurde vorgegangen, daß man eben feierlich abgeschlossene Verträge nach kurzer
Zeit brach und immer neue Forderungen stellte. Dieses dem Völker-
recht widersprechende Verfahren mußte ein böses Ende nehmen. Der
Sprecher klagte Europa und die Vereinigten Staaten an, daß sie die
wirklichen Urheber der Wirren sind, die wir in China haben.*

Ein Grund dafür, daß bei diesem *außerordentlich geduldigen, füg-
und schweigsamen chinesischen Volk* zuletzt ein *Ausbruch des Zorns
und der Rache* unvermeidlich war, konnte Bebel aus der Sicht des
Sozialdemokraten nicht unverständlich sein. *Sobald der Europäer von
einem Chinesen belangt werden soll, und der Europäer hat unrecht,
dann versteht es der Europäer kraft seiner Stellung und Geldmittel, die
elende chinesische Gerichtsbarkeit zu bestechen und auch auf diese*

93

Vorwärts und durch!

Weise es dahin zu bringen, daß der Kuli unter keinen Umständen sein Recht behält. Ein anderes Kapitel waren die Missionare. Zu ihm nahm der «Marxist», der das Wesen der Religion zu sehr vereinfachte, aber auf Grund von scharfen Beobachtungen, fleißigem Studium und praktischem Verstand tiefe Einsichten gewann, in herzerfrischender Weise Stellung. *Ich stehe den Missionen sehr indifferent gegenüber*, gab er zu, *mir ist die katholische wie die protestantische Mission gleich lieb und gleich unlieb.* Wenn die Anhänger dieser Konfessionen *in einem fremden Lande Propaganda* treiben wollten, war das ihre Privatsache. Sie hatten keinen Anspruch auf besonderen Schutz. *Meine Herren, wenn ein chinesischer Missionar nach dem Wohnort oder Geburtsort des Bischofs Anzer nach Altbayern käme und dort . . . in einen katholischen Tempel eindränge, wie Anzer es in China machte — bei der Berserkerwut, die den Altbayern in einem solchen Falle erfassen würde (ich habe sie kennengelernt) würde es dem chinesischen Missionar sehr schlecht ergehen.* In Anzers Diözese wurden später zwei Missionare ermordet, *was alsdann den längst erwarteten Vorwand lieferte, damit Deutschland seine Expedition nach Kiautschou in Szene setzte und jene Provinz an sich reißen konnte.*

Was folgte und von Bebel an Hand glaubwürdiger Zeugnisse belegt wurde, läßt auch uns, die Zeitgenossen ähnlicher Massaker, noch vor Entsetzen erstarren. *Heute schon sind nach allen Angaben nicht nur von Deutschen, sondern von allen dort versammelten Armeen weit mehr als 5000 Chinesen (die Frauen und Kinder nicht eingerechnet) ermordet worden, ohne daß sie mit den Waffen in der Hand gefangengenommen wurden.* Am 14. Juni 1900, *noch ehe also irgendwelche revolutionären Angriffe gegen die Angehörigen der Gesandtschaften oder Fremde in Peking vorgekommen waren,* hatte sich *in einer Entfernung von 300 bis 400 Metern auf einem freien Platze eine Anzahl von Menschen* zum Gebet versammelt. Da ertönten plötzlich Schüsse. *Deutsche Soldaten haben also von der Mauer der Gesandtschaft ohne die geringste Provokation gegen einen Haufen friedlich versammelter Chinesen geschossen, haben damit sechs bis acht Mann getötet, eine ganze Anzahl verwundet ... Sie haben damit das schwerste völkerrechtswidrige Verbrechen begangen, das man überhaupt zu tun imstande war, sie begingen elenden, feigen Mord. Meine Herren, denken Sie sich einmal den undenkbaren Fall, in Berlin hätte die chinesische Gesandtschaft Truppen. Unter den Linden oder irgendwo würde eine Volksversammlung in friedlicher Weise abgehalten; plötzlich schössen chinesische Truppen darunter, streckten sechs bis acht Mann nieder ... Es würden keine zwei Stunden vergehen, und die Empörung der ganzen Stadt wäre erfolgt, das Haus der chinesischen Gesandtschaft würde erstürmt und zerstört werden ... was man darin lebend fände, würde niedergemetzelt werden.* Als Bebel unter «stürmischem Beifall» der Genossen *im Namen meiner ganzen Fraktion, im Namen des Rechts, im Namen der Menschlichkeit* die Regierungsvorlage ablehnte, gab es bei dem Wort *Menschlichkeit* ein «großes Gelächter rechts».

Bebels außenpolitisches Wirken erstreckte sich ebenso auf den westlichen Nachbarn wie auf den Fernen Osten. «Am Freitag, den 19. August 1904 brachte der sechste Verhandlungtag des Internationalen Sozialistenkongresses in Amsterdam eine Generaldebatte von ungewöhnlichem Interesse. Das Thema lautete ‹Internationale Regeln der sozialistischen Taktik›. Eine ganze Zahl von Kommissionssitzungen war an den voraufgehenden Tagen diesem Gegenstand gewidmet gewesen. Höhepunkt der Debatte im Plenum war unzweifelhaft die Rede von [Jean] Jaurès, dem ‹französischen Bebel›, und die ihr folgende Erwiderung des ‹deutschen Jaurès›. ‹Wir haben ein Rededuell gehört›, resümierte am Ende der Kongreßberatungen der holländische Delegierte [Henri Hubert] Van Kol, ‹wie es wohl noch auf keiner Tribüne der Welt stattgefunden hat› ... Der Streitpunkt war einer großen Debatte würdig. Es war die deutsche (Dresdner) Parteienschließung,

nach der die revisionistischen Bestrebungen, die theoretische Ersetzung einer revolutionären Politik durch eine Politik des Entgegenkommens an die bestehende Ordnung der Dinge[190], entschieden verurteilt wurde. Der Kongreß erklärte die Resolution anschließend mit erdrückender Mehrheit zur internationalen Regel. So wurde Bebel von den Anwesenden zum Sieger gekrönt, während die Geschichte wohl Jaurès nachträglich die Palme verlieh.»[191]

Kern der Vorstöße von Jaurès war «die politische Ohnmacht der deutschen Sozialdemokratie». Der Franzose gab zu, daß die SPD «eine große, bewunderungswürdige Partei» war, «die dem internationalen Sozialismus zwar nicht alle Denker», wie man es zuweilen zu sagen scheine, «aber einige der gewaltigsten und scharfsinnigsten Denker gegeben hat, die dem internationalen Sozialismus das Vorbild einer konsequenten, systematischen Aktion, einer wohlgegliederten und machtvollen Organisation gegeben hat, die vor keinem Opfer zurückgeschreckt und sich durch keinen Ansturm erschüttern läßt». Sie war «die Zukunft Deutschlands, eine der edelsten und glorreichsten Parteien der zivilisatorischen und denkenden Menschheit». Nach der Anerkennung ging Jaurès zu einer Attacke über. «Zwischen der scheinbar politischen Macht», wie sie sich «von Jahr zu Jahr in der wachsenden Zahl» der Stimmen und Mandate ausdrückte, und der «wirklichen Macht zu Einfluß und Tat» bestand in seiner Sicht «ein Gegensatz», der um so größer zu werden schien, je mehr die Wahlmacht zunahm. «O ja», rief er aus, «am Tage nach jenen Juniwahlen, die euch die drei Millionen Stimmen gebracht haben, ist es allen deutlich geworden, daß ihr eine bewundernswerte Kraft der Propaganda, der Werbung, der Einreihung habt, aber daß weder die Traditionen eures Proletariats noch der Mechanismus eurer Verfassung euch erlauben, diese anscheinend kolossale Macht von drei Millionen Stimmen in die Aktion der Nutzbarmachung und Verwirklichung in die politische Aktion umzusetzen. Warum? Weil euch die beiden wesentlichen Bedingungen, die zwei wesentlichen Mittel der proletarischen Aktion noch fehlen – ihr habt weder die revolutionäre, noch die parlamentarische Aktion . . .» In der Nachmittagssitzung ging dann Bebel, «von lebhaftem und anhaltendem Beifall und Händeklatschen begrüßt, dem er durch Handbewegungen Einhalt zu tun» versuchte, zum Gegenangriff über.

Jaurès habe von der politischen Ohnmacht der auf drei Millionen Wähler angestiegenen deutschen Sozialdemokratie gesprochen. *Was hat er denn eigentlich von uns nach dem Drei-Millionen-Sieg erwartet? Sollten wir etwa die drei Millionen mobilmachen und vor das königliche Schloß ziehen, um den Kaiser abzusetzen? . . . Ich habe sofort nach diesem mich nicht überraschenden Siege gesagt, daß sich vorläufig nicht viel ändern werde. Bei uns reichen die drei Millionen eben nicht. Aber lassen Sie uns sieben und acht Millionen haben, dann wollen wir weitersehen.* Dann analysierte Bebel die deutsche Konzeption der Interimsperiode. *Wir haben knapp ein Drittel der abgegebenen Stimmen, aber nur ein Fünftel der Mandate; wir sind also noch eine Minderheit, aber eine Minderheit, die ihre Gegner fürchten. Wir werden drängen und kämpfen noch weit energischer als bisher, um immer mehr Anhänger zu gewinnen, und wir werden uns freuen, wenn die Genossen in den andern Ländern es uns nachmachen.* Schon verfügte die Partei über *das große moralische Gewicht einer starken Minderheit.* Wenn Gesetzentwürfe und Anträge, die mit ihren Stimmen eingebracht wurden, in den Papierkorb wanderten, *um so besser für unsere Agitation.* Wurden solche Vorschläge aber angenommen, *dann haben wir* wieder *den Erfolg.* Was immer die Gegner taten: . . . *wir kommen dabei in die Höhe.* «Heiterkeit und Beifall» begrüßten die optimistische Zukunftserwartung. Daß die deutsche und die französische wie jede denkbare andere Variante der sozialistischen Bewegung sich plötzlich auch ungeahnten Widerständen gegenübersehen könnten, schien damals niemand in seine Planung einzubeziehen.

Ein knappes halbes Jahr darauf wandte Bebel sich wie bei der China-Affäre wieder einem kolonialen Thema zu. «Deutsch-Südwestafrika, das mit seinem östlichen Zipfel Rhodesien, mit seiner südlichen Schmalseite die Kapkolonie berührte, steht seit einem halben Jahrhundert nicht mehr unter der Verwaltung, gegen deren Mißwirtschaft am Montag, den 30. Januar 1905, eine denkwürdige Rede gehalten wurde. Die von Bebel aufgeworfenen ökonomischen, sozialen, politischen, kulturpsychologischen Fragen aber sind noch von einer geradezu beängstigenden Aktualität... Daß und wie einst Deutsche an der Kolonisation beteiligt waren, verdient um so eher in Erinnerung gerufen zu werden, als man in Deutschland sich nur allzu gern ein rosiges Bild davon zu machen beliebt. Das war auch zu Bebels Lebzeiten nicht anders... Aus unserer heutigen Sicht ließe sich manches zu Bebels Vorwürfen sagen oder gegen sie einwenden. Wesentlich war jedoch der Geist, in dem hier auf dem Höhepunkt des Imperialismus eine antiimperialistische Politik verfochten wurde.»[192]

Es ging (im Zusammenhang mit einer Etatnachbewilligung des Reichstags) um die Widerstandsbewegung, die den Namen Herero-Aufstand erhielt. Wieder war es in erster Linie Bebel, der vorschlug, die eigentlichen Ursachen zu ermitteln. Nach gründlicher Prüfung und ungeachtet der Vorwürfe, er gäbe vaterländische Belange preis, fand er die Ursachen im kolonialen Regierungssystem wie auch im Verhalten der meisten Farmer gegenüber den Eingeborenen. *Wenn es denkbar wäre, daß die Bevölkerung eines europäischen Kulturstaates nur annähernd in ähnlicher Weise behandelt würde, wie es hier seitens der Eroberer den Eroberten, den Unterdrückten in Südwestafrika gegenüber geschehen ist, dann würde längst ein Aufstand oder eine Revolution ausgebrochen sein.*

Bebel nahm sich nun Einzelheiten vor: die aus Profitgründen erfolgten Waffenlieferungen an die Eingeborenen; die fortschreitende Einschränkung der diesen noch zur Verfügung stehenden Ländereien; die zweifelhaften Methoden, mit denen die *großkapitalistischen Gesellschaften* sich an die Stelle der *Kolonialidealisten* setzten, um die eingeborene Bevölkerung auszubeuten. Hinzu kamen die Mißhandlungen, denen die afrikanische Bevölkerung ausgesetzt war. Dem Kolonialbeamten oder Siedler, der darüber nach Deutschland berichtete, wurde das Leben *sauer, wenn nicht unmöglich* gemacht. Dennoch sickerten Nachrichten durch, und die sozialdemokratische Presse zögerte nie, sie zu publizieren. Im «Vorwärts» erschien ein *vom ersten Weihnachtstage* datierter Brief, in dem der Schreiber sein Mitgefühl mit dem Schicksal der Pferde in Afrika ausdrückte. Weniger mitleidsvoll erwies er sich bezüglich gewisser Repressalien. «*Oberst Daimling konnte im vorigen Gefecht 75 Gefangene machen, er hat sie aber alle niedergeschossen.*» Man dürfe es mit den «*schwarzen Hunden*» nicht anders machen. Selbst «*das Kind im Mutterleibe*» dürfe man nicht schonen. Bebels vorsichtiger Kommentar: *Mag sein, daß manches darin übertrieben wird; aber der Brief war nicht für die Öffentlichkeit bestimmt, den haben die Eltern des Briefschreibers an den «Vorwärts» geschickt, weil sie empört waren über den Inhalt, und sie fügten hinzu: «Wir können den Briefinhalt nicht begreifen, unser Junge war, solange er hier war, ein milder und mitleidig gesinnter Mensch, der da drüben vollständig zum Tiere umgewandelt ist.*»

Was Bebel an Hand von Mitteilungen des Kolonialdirektors in der Budgetkommission vom Zustand und der Überfüllung südwestafrikanischer Gefängnisse sagte (*Kinder von vier bis sechs Jahren wurden dort mit Gefängnis bestraft: ein fünf Jahre altes Mädchen* hatte *eine längere Freiheitsstrafe* zu verbüßen, *weil es von einer fremden Ziege etwas Milch entwendet haben* sollte), ist wie manches andere, von dem er Kenntnis gab, zu gräßlich, um hier detailliert behandelt zu werden. Die Mißstände waren auch nicht etwa auf jene Kolonie beschränkt. Aufstände brachen *in Kamerun, in Ostafrika, auf den Inseln im Stillen Ozean, kurz überall* aus, *wo deutsche Kolonien vorhanden* waren. Das bewies, *daß das System, das unserer Kolonialwirtschaft zugrunde liegt, ein durchaus verfehltes ist; das zeigte, daß die Kolonialverwaltung alle Ursache hat, einmal gründlich zu studieren, auf welcher Grundlage künftig die Kolonialpolitik getrieben werden muß, damit wir derartige traurige Tatsachen fernerhin nicht mehr zu verzeichnen haben.*

Im Herbst des Jahres, in dem die Wogen des internationalen Imperialismus so hoch schlugen, daß der Friede ernstlich gefährdet schien – wir erinnern nur daran, daß der Staatssekretär des Reichsmarineamts, Alfred von Tirpitz, das Deutsche Reich zur zweitstärksten Seemacht nächst England machen wollte und wie England darauf reagierte –, sicherte Bebel *aus Titisee auf dem Schwarzwald* den unter diesen Umständen besonders wertvollen Kontakt mit seinem britischen Partner. Er schrieb an James Ramsey MacDonald, der eines Tages die erste Labour-Regierung bilden sollte, und sprach ihn mit *lieber Genosse* an; in der Übersetzung für die britische Presse hieß es bloß «my dear friend». Der Deutsche versicherte dem Briten, daß es keinen Grund für einen Krieg *zwischen den beiden Kulturvölkern* gebe. Allein die Aufrüstung provoziere *die Katastrophe.* Was Bebel anriet, ent-

sprach ebenso der besten britischen Tradition wie der in ihm ausgereif-
ten Abart des «Marxismus». *Ich meine also, wir sollten statt uns jetzt
in zwecklosen und wirkungslosen Demonstrationen zu ergehen, die
Entwicklung der Dinge kühl in's Auge fassen, jede Nervosität unter-
drücken und die Völker und namentlich die Arbeiterklasse über das
möglicherweise Kommende aufklären.*[193] Wenige Wochen danach
konstatierte Bebel erfreut, daß die deutschnationalen *Hetzhunde zu-
rückgepfiffen worden* waren. Englands *Angst vor Deutschland* empfand er jetzt als unwürdige *Heulmeierei.* Für *später*[194] rechnete er allerdings immer noch mit einem Krieg, wenn auch nicht unbedingt gegen das Land, von dem er einmal gefordert hatte, es *sollte unser na-
türlichster Bundesgenosse sein*[195].

Anders stand es mit Rußland. Ein Jahr vor dem Briefwechsel mit
MacDonald erinnerte Bebel in aller Öffentlichkeit daran, er habe
bereits gesagt, *daß wenn es zu einem Kriege mit Rußland käme, das ich
als Feind aller Kultur und aller Unterdrückten nicht nur im eigenen
Lande, sondern auch als den gefährlichsten Feind von Europa und speziell für uns Deutsche ansähe, auf den sich in erster Linie die deutsche
Reaktion stützt, dann sei ich alter Knabe noch bereit, die Flinte auf den
Buckel zu nehmen und in den Krieg gegen Rußland zu ziehen. Man mag
darüber lachen, aber mir war es mit dem Wort bitter ernst.*[196]

August Bebel in der Schweiz, 1912

Die «Burgvogtei» in Basel

Was Bebel in schärfstem Kontrast zu Bismarck an einer kriegerischen Verwicklung mit Rußland interessierte, war die Revolution, mit der er sich solidarisierte. *Wird einst die Geschichte der russischen Revolution geschrieben, die Welt dürfte staunen über den Heroismus, die Begeisterung, die Selbstlosigkeit und durch nichts zu besiegenden Opfermut, den die Sozialisten aller Nationalitäten im Zarenreich bewiesen haben, um dieses zu einem Kulturland zu gestalten.*[197]

Die äußere wie die innere Polarisation — beiden kommt in der Friedensforschung immense Wichtigkeit zu — führte in Bebels letzten Jahren zu Konstellationen, die seinen Lebensabend verdüsterten. «Am Sonntag, den 24. November 1912 erschien Bebel kurz nach 10.30 im Saal der Basler ‹Burgvogtei›. Über die Bühne des Raums schwang sich ein breites rotes Band mit der alten Parole der Internationale, ‹Proletarier aller Länder vereinigt Euch!›, und mit dem aktuellen Motto des jetzt zusammentretenden außerordentlichen Sozialistenkongresses. Es lautete: ‹Krieg dem Kriege!› Damit faßte es den einzigen Punkt der Tagesordnung zusammen: ‹Die internationale Lage und die gemeinsame Aktion gegen den Krieg›. Von den Versammelten . . . ‹mit stürmischem Jubel begrüßt›, erhielt Bebel in der Nachmittagssitzung des folgenden Tages, während er auf die Tribüne zuging, abermals, und diesesmal minutenlang, eine stürmische Ovation. ‹Viele Delegierte haben sich erhoben und bringen Hochrufe auf Bebel aus.›[198] Als Führer der fünfundsiebzigköpfigen deutschen Delegation sprach Bebel dann, ehe der schweizerische Vorsitzende die Tagung formell zum Abschluß brachte, einige Dank- und Schlußworte. Sie sollten unverkennbar zugleich die Gedanken und Gefühle der insgesamt von über 500 Delegierten vertretenen zwei Dutzend Bruderparteien ausdrücken. Dieses Bekenntnis Bebels enthüllte seinen von der Geschichte bisher noch nicht bewahrheiteten und darum tragischen Glauben an den ‹Einbund der Arbeiter der Welt›» und seine nicht immer so uneingeschränkt zugegebene «Wertschätzung der Vorteile einer bürgerlichen Demokratie». Und schließlich bekräftigte es «die Bereitschaft des sozialistischen Atheisten zum Zusammenwirken mit wahrhaften Christen»[199].

Wir müssen uns hier mit dem dritten und letzten Absatz des Basler Friedensepilogs begnügen. Er war unbewußt ein Kommentar zu einer zwanzig Jahre älteren, theoretischen Äußerung: *Sobald sich die Sozialdemokratie mit der Religion beschäftigt, kommt sie konsequent zum Atheismus, d. h. zur Verneinung aller Religion, wie sie ökonomisch und politisch in letzter Instanz zur Verneinung der bestehenden sozialen Ordnung und ihres politischen Überbaues, des Staats, kommt.*[200] In den nächsten Wochen werde die Weihnachtsbotschaft *in den christlichen Kirchen widerhallen.* Das war *die größte Heuchelei.* Denn dieselben Prediger *würden vielleicht mit noch größerer Wollust auf die Kanzel steigen und das Volk zu dem männermordenden, menschenvernichtenden, alles zerstörenden Kriege zu begeistern trachten.* Er freue sich schon darauf, nach seiner Rückkehr in Deutschland *die bürgerlichen Zeitungen zu lesen. Über das, was wir hier gesagt und getan haben, werden sie sich ja nicht wundern . . . aber daß die Behörden dieser hochangesehenen und bedeutenden Stadt uns in dieser Weise begrüßen, das wird viel Kopfschütteln erregen, und daß gar die christliche Geistlichkeit uns das Münster zur Verfügung gestellt hat, das wird ihnen so vorkommen, als wollte der Himmel einstürzen.*

An den Pfingsttagen des Jahres vor dem Ersten Weltkrieg geschieht ein politisches Wunder. Volksvertreter der «Erbfeinde», Frankreich und Deutschland, verbünden sich, um (wie der «Vorwärts» mit leichter Übertreibung verkündet) «weite Kreise einflußreicher Parlamentarier aus beiden Ländern auf einem gemeinsamen Boden und zu einer einstimmigen präzisen politischen Willenskundgebung zusammenzuführen»[201]. Bei diesem Vereinigungsprozeß bilden Sozialisten die katalytische Kraft. Sie nehmen beispielsweise am Samstag, den 10. Mai 1913, auf einer Vorversammlung in Bern Bebels Ratschlag an, der am Sonntagvormittag in der Aula der Universität beginnenden Konferenz zu empfehlen, «daß ihre Teilnehmer in ihren Parlamenten je am gleichen Tage einen Antrag auf Abschluß eines deutsch-französischen Schiedsvertrages einbringen sollen»[202]. Sieben Jahrzehnte nach Marx' noch immer zu wenig gewürdigtem Anlauf zum Abschluß des «deutsch-französischen Geistesbündnisses» bringen einige mutige Schritte dieses Ziel näher. Am Abend kommen «ohne Rücksicht auf Parteizugehörigkeit» über hundert Kongreßteilnehmer ins Berner Kasino. Insgesamt werden von 597 Mitgliedern der französischen Kammer 164 Deputierte, Unifizierte Sozialisten, Radikalsozialisten (d. h. gemäßigte Liberale), Unabhängige Sozialisten, Linksradikale und Linksdemokraten (Konservative), von 300 französischen Senatoren 21, doch bloß 33 Abgeordnete des 396 zählenden Reichstags, davon zehn bürgerliche (Volkspartei, Zentrum) zur Konferenz erscheinen. Ansprachen werden bei der «überaus herzlichen und lebhaften» Abendveranstaltung nicht gehalten.

Um so mehr offizielle Reden gibt es am folgenden Tag bei der Eröffnung und Begrüßung. Ja, vier der dreizehn Mitglieder des Schweizerischen Nationalrats benötigen fast doppelt soviel Zeit wie die Deutschen und Franzosen zum Ausbuchstabieren ihrer Grundgedanken: «Die Rüstungswettkämpfe reiben die Völker auf; ein Krieg zwischen Deutschland und Frankreich wäre ein Verbrechen an der Kultur; die Schweiz zeigt, daß es möglich ist, die Angehörigen dreier Rassen unter einheitlichen Gesetzen zu einem allen förderlichen Nationalverband zusammenzubringen.» Um so ergreifender in seiner Kürze ist Bebels internationaler Schwanengesang. Er begrüßt beim Besteigen der Tribüne den «rechtsradikalen» Vorsitzenden der Schiedsgerichtsgruppe der französischen Parlamente, Paul Balluat d'Estournelles, «mit einem freundlichen Händedruck», was «die ganze Versammlung» (so der «Vorwärts») «mit lebhaftem Beifallklatschen und vielfachen Hochrufen auf die beiden Männer» beantwortet.

Dann erklärt Bebel: *Im Namen der deutschen Delegation, der*

gesamten ohne Unterschied der Partei, sage ich den Einberufern und Veranstaltern dieser Konferenz unseren wärmsten und herzlichsten Dank. Sie haben ein schweres Stück Arbeit geleistet und viele Mühen und Sorgen gehabt, denn es ist das erstemul, daß nicht national oder international Wissenschaftler, Volkswirtschaftler oder Politiker zusammentreten, sondern die parlamentarischen Vertreter der beiden großen Nachbarnationen zu gemeinsamer Beratung vereinigt werden, die sich schon so oft als Feinde gegenübergestanden haben. Wenn sie heute Mittel und Wege suchen, um endlich ein friedliches Miteinanderleben und eine freundschaftliche Verständigung zu erreichen, so ist das ein großer historischer Tag (lebhafter Beifall). Diese Konferenz war eine bittere Notwendigkeit. Die Welt schrie förmlich danach (erneute Zustimmung). Es sind heute fast auf den Tag 42 Jahre, daß der Frankfurter Friede geschlossen wurde, jener Friede, an dessen Spitze, wie üblich, die Worte standen, daß es ein ewiger Friede sein sollte. Aber noch ehe die Tinte trocken war, mit der unterzeichnet wurde, wußten alle, die ein wenig über den nächsten Tag hinaussehen konnten, daß daraus nur neue Wirren und Unzuträglichkeiten entstehen würden. Weite Kreise stünden dem Unternehmen zur Beendung von Unruhe, Mißtrauen und Rüstungswettlauf nach 42 schlimmen Jahren noch zweifelnd gegenüber. Es habe eine Menge geheimer und mächtiger Feinde, die nur wünschen, daß nichts Ersprießliches zustande kommt. Doch, verspricht der Redner drei Monate vor seinem unfreiwilligen Ausscheiden aus der deutsch-französischen Friedensphalanx: wir werden alles daransetzen, diese Erwartungen zu zerstören ... Wir vertreten die Wahrheit, die Gerechtigkeit, die Menschlichkeit, den Frieden und die Wohlfahrt der Nationen und vertrauen darauf, daß immer weitere und weitere Kreise auch derjenigen, die uns heute noch spöttelnd gegenüberstehen, eines Tages unsere Ideen annehmen werden. Gehen wir ans Werk, frischauf vorwärts! Es ist dasselbe Ethos, das im Sommer und Herbst des nächsten Jahres die Fortschritts- und Friedensfreunde beseelt, ehe «die sträflichen Treibereien, die auf beiden Seiten der Grenzen den gesunden Sinn und die Liebe der Bevölkerung zum Vaterland irre zu führen drohen» (Konferenzresolution) das Übergewicht bekommen.

Diese Gesinnung hindert den, der «gegen alle Kriegsminister und alle Militärvorlagen des Deutschen Reiches geredet»[203] hat, nicht daran, bis zum letzten Atemzug die Interessen der deutschen Soldaten wahrzunehmen. Am Freitag, den 20. Juni 1913, nimmt Bebel noch einmal an einer namentlichen Abstimmung im Reichstag teil. Es dreht sich um den (bei einer Enthaltung und einer ungültigen Stimme) mit 201 gegen 127 Stimmen abgelehnten Antrag auf Abschaffung der Militärsperre gegen Gewerbetreibende wegen ihrer Zugehörigkeit zu einer Partei oder Religionsgemeinschaft oder wegen Hergabe von Räumen zu Veranstaltungen einer Partei, eines Vereins oder einer Gewerkschaft. Die Verhängung derartiger Sperren soll künftig einklagbar und die betreffende Militärstelle schadensersatzpflichtig sein.[204] Also Einspruch gegen politische und religiöse Diskriminierung in der Freizeit des Soldaten. Ohne namentliche Abstimmung, doch (Naumann zufolge) wie «eine Art Testament» die «Bewilligung einer militärischen Deckungsvorlage» darstellend, endet die am 25. und 26. Juni stattfindende zweite Beratung des Gesetzes über einen einmaligen, außerordentlichen Wehrbeitrag der Vermögenden. Es ist in der Reichshaushaltsetats-Kommission im sozialdemokratischen Sinn verbessert worden. So kann es von SPD-Sprechern, zu denen der anwesende Bebel, «müde, aber geistig völlig Herr seiner selbst»[205], nicht mehr zählt, vertreten werden. Schlüsse auf Bebels mutmaßliches Verhalten bei der Bewilligung von Kriegskrediten, hätte er noch ein weiteres Jahr zu leben gehabt, lassen sich hieraus jedoch nicht ableiten.

Kurz vor der Jahrhundertwende hat Bebel in einem zweistündigen Vortrag über «Die Sozialdemokratie und ihre Ziele» vor über tausend Personen dem Wahlverein des 2. Berliner Reichstagswahlkreises im Friedrichstädter Kasino festumrissene Konzeptionen entwickelt. *Die Demokratisierung von Staat und Gesellschaft ist unser nächstes Ziel ... Wenn die Demokratisierung so weit fortgeschritten und das Proletariat zur politischen Macht gelangt ist, dann wird es sich zunächst um die Verwirklichung folgender Maßnahmen handeln: Umwandlung der in Privatbesitz befindlichen Wälder, Gewässer, Minen,*

Louise, Kautskys erste Frau (die «Hexe»)

Gruben und Verkehrsmittel, soweit sie öffentlichen Interessen dienen, in kommunistischen Besitz. Umwandlung der im Besitz der toten Hand befindlichen Güter in Staats- oder Gemeindebesitz. Vorkaufsrecht beim Verkauf von Grundbesitz für Staat bzw. Gemeinde. Umwandlung der industriellen Großbetriebe, soweit sie öffentlichen Interessen dienen, insbesondere die Herstellung von Waffen, Munition, militärischer Ausrüstungs-Gegenstände sowie den Schiffsbau in staatliche Betriebe. Bildung von großindustriellen Genossenschaften durch dazu geeignete handwerksmäßige Berufe mit Unterstützung des Staates. Übergabe der Domänen an Ackerbau-Genossenschaften, Bildung von genossenschaftlichen Großbetrieben durch Ackerbauer mit Unterstüt-

108

zung des Staates. Zentralisation des gesamten Bank- und Kreditwesens in Händen des Staates. Verbot der Erbschaft an Deszendenten des dritten und folgenden Grades. Beschränkung der Testierfreiheit an Fremde, bzw. Heimfall der Erbschaft an den Staat. Ausschließliches Recht der Erwerbung von Grundbesitz behufs Errichtung von Wohngeländen durch die Gemeinden sowie ausschließliches Recht derselben, Wohnungen zu errichten und zu vermieten. Übergang aller Heil- und Pflege-Anstalten an Staat oder Gemeinde, Anstellung der Ärzte als Beamte. Übernahme der Zentralheizungs-, Licht- und Wasserversorgungs- sowie Reinigungsanstalten durch die Gemeinde.[206] Ein solches Programm läßt weniger Ermessensfreiheit zu als ein Kriegsfall. Doch muß die Wahrscheinlichkeit, es noch unter Bebel durchzusetzen, mit dem Verfall seiner Kräfte abnehmen.

Zwei Dekaden sind vergangen, seit der um zwanzig Jahre ältere Engels dem Zweiundfünfzigjährigen über die Kinderliebe von Louise, Kautskys geschiedener Frau, einen amüsanten Bericht lieferte. Damals antwortete Bebel recht munter: *Daß die Hexe so auf die Babies versessen ist, hätte ich nicht geglaubt, wenn man ihr nur zu einem verhelfen könnte.*[207] Als er bald darauf mit der noch relativ jungen Louise in Österreich ist, schreibt er an Engels, der sie in sein frauenloses Londoner Haus aufgenommen hat.

In Wien hat es Bebel *sehr gut* gefallen. Die Lebensweise und die Menschen haben ihm zugesagt. *Ich habe mich pflichtschuldigst auch nach den Menschinnen umgesehen (wie das vom Verfasser der «Frau» nicht anders zu erwarten ist), aber da muß ich Dir im tiefsten Vertrauen erklären, es kommt keine über unsere Hexe. Ich habe mich in Wien noch mehr in sie verliebt, als ich es vorher schon war, und am liebsten ließe ich sie gar nicht mehr fort. Es ist nur die Freundschaft und der Respekt vor Dir, wenn ich sie wieder nach London lasse; dafür mußt Du aber auch ein Einsehen haben und darfst nicht brummen, wenn ich sie vierundzwanzig Stunden länger hier behalte, als sie nach ihrem gestrigen Briefe an Dich hier bleiben zu wollen erklärte. Du hast sie nachher wieder so lange, daß ich ordentlich eifersüchtig auf Dich bin. Du bist wirklich ein Glückspilz, daß Du in Deinen alten Tagen so ein Prachtweibchen um Dich hast. Nimm sie mir nur recht hübsch in acht und sieh darauf, daß sie sich nicht überarbeitet, nicht zu spät ins Bett geht.*

Ein ganz besonderes Vergnügen hat es ihm bereitet, Louise vor 5000 Besuchern öffentlich auftreten zu sehen. Dem Vorkämpfer des emanzipierten Weibes ist mit einemmal das Geschöpf seiner Phantasie in Fleisch und Blut gegenübergetreten. Louise hat *ganz ohne Vorbereitung* das Wort ergriffen. Um so überraschender *ihre Geistesgegenwart. Am liebsten* wäre er ihr *am Schlusse vor versammeltem Kriegsvolk um den Hals gefallen und hätte sie abgeküßt. Ich hab's aber später nicht*

Mit Paul Singer

*daran fehlen lassen. Dies wieder entre nous . . . Von der Politik schreibe
ich Dir heute kein Wort, einstweilen dauern meine Ferien noch so
lange, als Louise hier ist; nachher stürze ich mich wieder in die Arbeit,
an der es nicht fehlt.*[208]

Doch nicht die Arbeit allein hat Bebels Energien verzehrt. Die Zahl
und die Härte der Schicksalsschläge übersteigen das erträgliche Maß.
Knappe drei Jahre nach der euphorischen Österreich-Fahrt erliegt
Engels (mit dem Bebel einen 800 Druckseiten füllenden Briefwechsel

Frieda und Julie Bebel

geführt hat) einem Krebsleiden. Genau fünf Jahre danach stirbt der erste und engste Kampfgefährte, Liebknecht. Singer, der beste Berliner Freund, ist im Herbst 1910 todkrank und lebt kein halbes Jahr mehr. Noch vor ihm erlischt *die Sonne in unserem kleinen Familienkreis für immer.* Julie, «der schönste Schmuck seines Hauses», Anfang 1908 an einem Brustkrebs operiert, verläßt August, der diesen Verlust nie für möglich gehalten hat, nach schmerzensreichem Krankenlager Ende 1910.

Werner Simon, Bebels Enkel

Und schon künden sich neue Leiden an. *Die größte Sorge macht mir jetzt meine Frieda, die ganz zusammengebrochen ist. Kein Wunder; hat sie doch in den letzten drei Jahren ununterbrochen die Sorge für ihre Lieben gehabt, waren wir doch mit Ausnahme von ihr alle miteinander krank, zum Teil wie ihr Sohn mehrere Male.*[209] Dieser Junge soll, obwohl er sich gut entwickelt, in jungen Jahren sterben. Der Tod seines noch nicht fünfzigjährigen Vaters (er experimentiert mit Scharlach-Streptokokken an Mäusen, um ein Schutzserum gegen die Krankheit herzustellen, und wird von einer infizierten Maus gebissen[210]) trifft alle schwer.

Von Simons Krankenlager aus beklagt Bebel am Neujahrstag 1912 die *arme Frieda, die in vier Jahren jetzt den achten schweren Krankheitsfall als Pflegerin zu kosten bekommt*[211]. Doch er will *nach Berlin, sobald der Reichstag einberufen ist. In der Fraktion ist ja jetzt schon alles vertreten, was Feuer fängt, rechts und links. Da wird das Zusammenhalten nicht leicht sein, ist aber wichtiger denn je.*[212] Der unentbehrliche Verhüter eines Brands in der durch jahrzehntelange mühselige Arbeit aufgebauten Partei hofft, daß es der verwitweten Tochter nichts schade, wenn sie *einige Wochen allein ist*[213]. Doch bald darauf unternimmt sie, *mit Wahnvorstellungen erfüllt,* einen Selbstmordversuch. Man kann sich die Aufregung des herbeigeeilten Herzkranken vorstellen. *Wir haben bei Frieda eine ganze Menge gefährlicher Werkzeuge weggenommen: drei Operationsmesser von Simon, ein scharf geschliffenes Stilett, zwei scharf geschliffene Taschenmesser, die sie in den Strümpfen versteckt hatte. Soeben bringt Werner wieder eine Schere von Simon, die sie ebenfalls in den Strümpfen hatte. Wir beseitigen alles, was sie erreichen könnte, Gifte etc. Dabei gebärdet sie sich ganz harmlos.*[214] Eine Woche später muß die Kranke in ein Nervensanatorium gebracht werden.

Die Ungewißheit über Friedas Heilungsaussichten ist für Bebel das Schlimmste. *Nichts ist mir in meinem Leben zuwiderer gewesen als eine unklare Situation; aber dieses Mal stecke ich gründlich drin-*

Urlaub in Wyk auf Föhr

Am Küsnachterhorn

Passug bei Chur

nen.[215] Er kehrt zu neuen Kämpfen und Konflikten, von denen der mit Mehring der bitterste ist, auf einige Tage nach Berlin zurück. Wie muß es in dieser letzten Lebensspanne, in der er dauernd hin- und herfährt, in Bebels Innern ausgesehen haben. Eine von Friedas *Wahnvorstellungen* ist, *der deutsche Kaiser sei ein harter Mann, der wolle mich abfassen lassen, und so solle ich ihr versprechen, nicht mehr nach Berlin zu gehen . . . Auch Werner ist totfroh, daß ich wieder hier bin; es sei doch schöner. Sein Magen- und Halskatarrh hatte ihn drei Tage im Bett festgehalten.*[216] Zahllose Zeilen verraten, wie sehr der Privatmann mit dem Politiker kollidiert. Vor dem Parteitag von 1912 lehnt er zum erstenmal in seinem Leben ab, *außer der Begrüßungsrede noch ein Referat*[217] zu halten. Doch verschiedene Reisen, nach München, Wien, Chemnitz, Plauen, Zwickau, Erholungstouren und dazwischen die aufregenden Besuche bei Frieda sind unaufschiebbar. Sie verzehren die Widerstandsfähigkeit des Mannes, der schon froh ist, wieder gute 67 Kilogramm zu wiegen, *gegen 1909, wo ich auf 57 herunter war, ein hübscher Fortschritt*[218].

Mit dem Sterben, das laß hübsch sein, tröstet Bebel Ende Juli 1913 seinen Briefpartner Kautsky, dem es gesundheitlich schlecht geht. *Der Unterschied zwischen Dir und mir ist, daß Du noch arbeitsfähig bist, ich nicht mehr. Es ist ein scheußlicher Zustand, eingreifen zu wollen und doch vor dem Kampf zurückschrecken zu müssen.* Die Arbeit am *dritten Band* muß *mal wieder* unterbrochen werden. Wieviel der Memoirenschreiber *gänzlich verschwitzt* hat, erfährt er *täglich bei dem Studium der Papiere* für diesen Band. Er arbeitet dennoch weiter daran. Auch die Politik beschäftigt ihn nach wie vor. Rosa Luxemburgs jüngste Attacke gegen Kautsky, nach den vergangenen Wahlen, bei denen die SPD mit 4,25 von insgesamt 12,2 Millionen Stimmen zur Fraktion von 110 Abgeordneten angewachsen ist, veranlaßt Bebel, ein letztes, absprechendes Urteil über die äußerste Linke zu fällen: *Die Luxemburg schleimt sich mal wieder gehörig aus; ich habe den Eindruck, sie macht keinen großen Eindruck.*[219]

Ein letztes Urteil? In einem undatierten Schreiben Bebels an Kautsky wird noch einmal gegen *die Rosa* gestichelt. Die Berliner haben sie zu einer Veranstaltung eingeladen? *Wundert mich gar nicht. Die Massen lechzen nach Betätigung, und da fallen die auf alles herein.* Kautsky, heißt es dann, solle seine Kräfte *nicht zersplittern.* Auch Luise (seine zweite Frau) scheine sich *viel zu viel aufzuladen. Alle streben danach, sich abzurackern und frühzeitig fertigzumachen. Hab's zwar auch nicht besser getrieben, aber ich hab's ausgehalten. Freilich nun ist's aus.*[220] In der einen Tag vor seinem Tod an Luise gerichteten Mitteilung aus dem Sanatorium unweit Chur sind immer noch politische Angelegenheiten den persönlichen beigemischt. Wie eh und je reiht sich realistischen Sachinformationen der Wille zum Handeln an. *Nach viertägiger Anwesenheit hier brach bei mir – ich glaube die Ursache zwei Bädern . . . zuschreiben zu sollen – eine neue Stauung aus, die mich zum Arzt und ins Bett zwang. Mittlerweile ist die Geschichte wieder im Lot . . . Ich hoffe, um den 28. herum fort zu können.*[221]

Doch am «dreizehnten August eintausendneunhundertdreizehn, um acht Uhr vormittags» erliegt (nach dem Todesregister der Gemeinde) «zu Churwalden/Passug an Herzlähmung laut ärztlicher Bescheinigung Bebel August, Privatier». Des «73jährigen unerwarteter Hinschied hat in der ganzen Welt ein größeres Aufsehen erregt als der eines gekrönten Hauptes», meldet die «Zürcher Wochen-Chronik». Die Zahl der Tausende, die in Deutschland und anderswo zu Trauerfeiern pilgern, ist nicht abzuschätzen. Während sich in Zürich die Kränze um die nach dort übergeführte, mit Schwertlilien bedeckte Leiche «zu nie gesehener Fülle» mehren, beginnt die Bevölkerung «ohne Unterschied des Alters und des Geschlechts, an der Bahre zu defilieren». Die in zweieinhalb Tagen vorbeiziehende Menge soll 50 000 Personen betragen haben. Der Leichenzug, bei dessen Vorbeiziehen die Glocken der Kirche St. Jakob läuten und an dem Delegationen aus aller Geknechteten Ländern teilnehmen, ist «wohl der größte, den Zürich je zu sehen bekam». Rund 1200 «mit besonderen Einlaßkarten versehene Teilneh-

Philipp Scheidemann und Friedrich Ebert folgen Bebels Sarg

Anzeige aus der «Fränkischen Tagespost» vom 20. August 1913

mer» begleiten «die nächsten Angehörigen und persönlichen Freunde
des Verstorbenen zum Freiplatz vor dem Krematorium». Fünfzehn
Redner erweisen dem Toten die letzte Ehre. Zwischen den Reden singt
der Grütli-Männerchor. Der kaum dreißig Schritte entfernt beerdigte
Gottfried Keller hat ihr Lied verfaßt, als der Wetzlarer Geselle auf
Wanderschaft gewesen ist; und er hat es «ausdrücklich für seine Toten-
feier gewünscht»[222].

> Du lichter Schatten, habe Dank,
> Gut sprach dein kühner Mund!
> Und wem der Sinn von Zweifel krank,
> Der wird an dir gesund!

117

*Willy Brandt, Regierender Bürgermeister von Berlin, spricht zum 50.
Todestag Bebels an dessen Grab*

Wie diese lustige Silberflut
Dein Grab so hell umfließt,
So uns dein nie geschwundner Mut
Das frohe Herz erschließt!

Die Verse galten ursprünglich Ulrich von Huttens Grab auf der Insel Ufenau. Bebel hat sie allen vermacht, die mit ihm zu kämpfen bereit sind.

Ich war ein Schiff auf wildem Meer,
Ich kannte keine Ruh;
Ihr wißt, was ich gestritten hab'
Und was gelitten auch;
Doch stieg' ich nochmals aus dem Grab
Übt' ich den gleichen Brauch!

Aug. Bebel.

ANMERKUNGEN

1 Erich Eyck: «Bismarck». Erlenbach–Zürich 1941. Bd. I, S. 11, s. ebd. S. 30.

2 August Bebel [= A. B.]: *Aus meinem Leben*. Stuttgart 1910. Bd. I, S. 3. (Für die den drei Memoirenbänden entnommenen Zitate werden generell keine weiteren Seitenangaben gemacht.)

3 Nach der Heiratsurkunde Nr. 13 des Standesamts Brauweiler vom 14. Oktober 1844 (abgedr. in: «August Bebel. Sein Leben in Dokumenten, Reden und Schriften». Hg. von Helmut Hirsch. Köln–Berlin 1968 [= Dokumentation]. S. 111–112) war Friedrich Jacob Simon Büttnermeister und Gottlieb (eig. Johann) Bebel Bäckermeister. In A. B.s Memoiren sind die Rollen vertauscht.

4 Siehe die Studie des Landrats Carl von Sparre im «Wetzlarischen Intelligenzblatt» vom 9. Februar 1837; Martin Eggert: «Der Übergang der Wetzlarer Zünfte zur Gewerbefreiheit. 1800–1850». Gießen 1922; Karl Watz: «Geschichte der jüdischen Gemeinde in Wetzlar von ihren Anfängen bis zur Mitte des 19. Jahrhunderts. 1200–1850». Wetzlar 1966 (Einleitung).

5 «Stammrolle für die Stadt Wetzlar enthaltend die im Jahre 1841 und retro geborenen Militärpflichtigen». Historisches Archiv Wetzlar (abgedr. Dokumentation, S. 44).

6 Heiratsurkunde Nr. 13, a. a. O.

7 Sterbeurkunde Nr. 5 des Personenstandsbuchs Brauweiler vom 20. Januar 1846 (abgedr. Dokumentation, S. 112–113).

8 Hofrat J. B. Ristelhueber: «Historisch-statistische Beschreibung des Land-Arbeits-Hauses zu Brauweiler». Köln 1828; «Übersicht der Verwaltungsresultate der Provinzial-Arbeitsanstalt in Brauweiler für die Jahre 1843 und 1844». Köln 1845; Fotos des vor etlichen Jahren abgerissenen Arresthauses im Besitz eines pensionierten Anstaltsdirektors.

9 A. B. an den Redakteur der «Neuen Gesellschaftlichen Correspondenz», 24. Oktober 1909. Museum der Stadt Wetzlar (abgedr. Dokumentation, S. 128–129).

10 Siehe Hugo Friedländer: «Die Vorgänge im Provinzial-Arbeitshause ‹Brauweiler› vor Gericht. Verhandlungen vor der zweiten Strafkammer des Landgerichts zu Köln vom 11. bis 21. Dezember 1895». o. O. o. J.; A. B. an Karl Hirsch, 19. April 1895 (Internationales Institut für Sozialgeschichte, Amsterdam [= IISG]; Friedrich Engels [= F. E.] an Redaktion der «Rheinischen Zeitung», 22. Mai 1895 (abgedr. in: «Friedrich Engels. Profile». Hg. von Helmut Hirsch. Wuppertal 1970. S. 376.

11 Siehe Joseph Render: «Notizen zur Geschichte Brauweilers, insbesondere zur Geschichte der Schule». In: «Katholische Kirchenzeitung der Pfarrgemeinde Brauweiler» I/1927, Nr. 48–50.

12 Totenschein Nr. 2439 des Hauptkrankenbuchs des Garnisonslazaretts Köln vom 31. Januar 1844. Personenstandsarchiv Brühl (abgedr. Dokumentation, S. 110).

13 Todesanzeige in: «Wetzlarer Kreis- und Anzeige-Blatt», 10. Juni 1853.

Dort werden auch die Regimenter der beiden Ehemänner verwechselt (abgedr. Dokumentation, S. 114).

14 Anzeige in: «Wetzlarer Kreis- und Anzeige-Blatt», 26. Juli 1853 (abgedr. Dokumentation, S. 115).

15 Eyck, a. a. O., S. 17, 18.

16 «Der evangelische Schulvorstand an den Wohllöblichen Magistrat, Hier, 21. August 1854». Schulakten Stadt Wetzlar, Historisches Archiv Wetzlar (abgedr. Dokumentation, S. 114).

17 Vgl. Helmut Hirsch: «Rosa Luxemburg». Reinbek 1969 (= rowohlts monographien. 158). S. 12; s. Zeittafel S. 130; Anzeige des Rektors Brockhaus vom 3. April 1854 in: «Wetzlarer Kreis- und Anzeige-Blatt», 4. April 1854.

18 Die Ausschreibung des Familiennamens wurde wie die Nennung einiger anderer Namen dadurch ermöglicht, daß Wilhelm Waldschmidt, langjähriger Vorsitzender des Wetzlarer Geschichtsvereins, in einem vom dortigen Museum aufbewahrten Exemplar des ersten Memoirenbandes verschiedene bei A. B. nicht ausgeschriebene oder unterbliebene Angaben als Bleistiftmarginalien ergänzte.

19 Siehe Königliche Polizeidirektion Dresden an den Ersten Staatsanwalt zu Elberfeld, 27. März 1889. In: Staatsanwaltschaft bei dem Königlichen Landgerichte zu Elberfeld, Akten in der Strafsache gegen den Prokuristen und Reichstagsabgeordneten Ferdinand August Bebel zu Plauen wegen Vergehens g(egen) §§ 128 u(nd) 129 Stgsb. Hauptstaatsarchiv Düsseldorf (abgedr. Dokumentation, S. 122–124, Abb. nach S. 352).

20 Der aus Neuwied gebürtige Meister – s. die Beerdigungsanzeige in: «Wetzlarer Kreis- und Anzeige-Blatt», 22. Mai 1857 (abgedr. Dokumentation, S. 115) – warnte vor dem Ankauf unechter Pfeifen, s. Anzeige in «Wetzlarer Kreis- und Anzeige-Blatt», 6. Oktober 1854 (abgedr. ebd.).

21 Abbildungen des Wetzlarer Brunnens, der Bebelschen Schule und des Lotte-Hauses, in dem er bei seinem Verwandten Friedrich Schlesinger mehrmals übernachtete s. Dokumentation, zwischen S. 256/257.

22 Siehe Die Sonntags-Arbeit. Auszug aus den Ergebnissen der Erhebungen über die Beschäftigung gewerblicher Arbeiter an Sonn- und Festtagen nebst kritischen Bemerkungen. Stuttgart 1888 (Auszüge s. Dokumentation, S. 32–33).

23 Siehe die Protokolle der Verwaltung des J. D. Winklerschen Waisenfonds im Archiv des Evangelischen Kirchenamts Wetzlar.

24 Siehe den beglaubigten Auszug für den Wetzlarer Bürgermeister aus der Sterbeurkunde Nr. 40 des Zivilstandsregisters in dem Kirchspiel Limburg vom 24. Mai 1859 (abgedr. Dokumentation, S. 116).

25 A. B.s Hinweis in den Erinnerungen, daß der Verein am Karlsplatz sein eigenes Vereinshaus hatte (Aus meinem Leben, S. 26) muß auf einer späteren Erfahrung oder Information beruhen. Der Besitzer des Lokals am Schloßberg, Johann Baptist Gramm, gab einen an der Nordostecke der Stadt, am Karlsplatz, gelegenen Baugrund zum Selbstkostenpreis an den Gesellenverein ab. Der Bau des «langersehnten Hauses» wurde

121

jedoch erst im Frühjahr 1865 begonnen (s. «Festschrift zur Erinnerung an das Goldene Jubiläum des Katholischen Gesellenvereins zu Freiburg i. Br. vom 6. bis 8. September 1902». o. O. o. J. S. 15, 25).

26 «Der Hochverraths-Prozeß wider Liebknecht, Bebel, Hepner vor dem Schwurgericht zu Leipzig vom 11. bis 26. März 1872». Berlin 1894. S. 119.

27 Alban Stolz: «Nachtgebet meines Lebens». Hg. von Jakob Schmitt. Freiburg i. B. 1885. S. 119.

28 Nach einer dem Gesellenbuch nachträglich beigelegten Notiz im Hause, Lit. F. 89 (Stadtarchiv Regensburg). Dem Buch ist auch der Name des Breslauers zu verdanken (Abb. Dokumentation, vor S. 177; das Haus des Regensburger Drechslermeisters vor S. 272, daneben das des jüdischen Meisters in Butzbach).

29 A. B.s Erinnerung, daß die Vorstellungen Schlag 7 Uhr begannen (s. *Aus meinem Leben*, S. 33), ist hinzuzufügen, «nur zwei- oder dreimal um 7.00», sonst jedoch um 6 Uhr 30 bzw. 6 Uhr (Mitteilung von Dr. Wolfgang Pfeiffer vom 25. Mai 1972; s. den Spielplan des Regensburger Theaters 1858/59, abgedr. Dokumentation, S. 116–117).

30 Zu A. B.s Salzburger Aufenthalten und dem Schicksal der im dortigen Schatzdurchhaus angebrachten Gedenktafel s. Josef Kaut: «Der Steinige Weg. Geschichte der sozialistischen Arbeiterbewegung im Lande Salzburg». Wien 1961. S. 9 f (abgedr. Dokumentation, S. 116).

31 Siehe den patriotischen Brief des Siegmund Sixt von Arnim: «Zur Erinnerung an den Aufenthalt des Prinzen Wilhelm von Preußen in Wetzlar 1849» in: «Mitteilungen des Wetzlarer Geschichtsvereins» 6 (1917), S. 54–56, und die ähnlich gestimmte Abhandlung des ehemaligen Polizeirats Karl Schwenk: «Wetzlar in den Jahren 1848 und 1849», ebd. 7 (1919), S. 6.

32 Vgl. die Angabe in *Aus meinem Leben*, S. 18.

33 Franz Mehring: «August Bebel. 18. Februar 1910». In: «Die Neue Zeit», Bd. XXVIII/1909/10, 1, S. 378.

34 «Ich habe ein ordentliches Verlangen, wieder einmal eine echte und rechte deutsche Proletarierfrau zu sehen, und als solche sind Sie mir immer geschildert worden» (F. E. an Julie Bebel am 8. März 1892. In: «August Bebels Briefwechsel mit Friedrich Engels». Hg. von Werner Blumenberg. London–The Hague–Paris 1965 (= Quellen und Untersuchungen zur Geschichte der deutschen und österreichischen Arbeiterbewegung. Bd. VI) [= Engels]. S. 522.

35 «Protokoll über die Verhandlungen des Parteitages der Sozialdemokratischen Partei Deutschlands. Abgehalten zu Dresden vom 13. bis 20. September 1903». Berlin 1903. S. 21.

36 Zwar wurde die zweite Session der vom 25. bis 29. März 1970 von der Stadt Wuppertal veranstalteten Internationalen Wissenschaftlichen Konferenz «Engels als Geschäftsmann und Wirtschaftswissenschaftler» gewidmet. Doch William O. Henderson behandelte dort «Friedrich Engels in Manchester» als biographisches Problem. Heinrich Gemkow, Wolfgang Köllmann und Jürgen Kuczynski forderten deswegen zu Recht in der Diskussion zu «verstärkten Nachforschungen» über

Engels' «Geschäftstüchtigkeit» auf («Friedrich Engels. 1820–1970. Referate, Diskussionen, Dokumente». Hg. von Hans Pelger. Hannover 1971 [= Schriftenreihe des Forschungsinstituts der Friedrich-Ebert-Stiftung. Bd. 85]. S. 59); s. a. bezüglich des Exports nach den USA: A. B. an Friedrich Albert Sorge, 21. September und 4. Oktober 1874 (IISG).

37 A. B. an F. E., 8. September 1874 (abgedr. Dokumentation, S. 118–120).
38 Karl Marx an F. E. (bei der Falschmeldung von A. B.s Tod), 16. September 1882 (abgedr. Dokumentation, S. 410).
39 Vgl. A. B. an F. E., 4. Juni 1889; Engels, S. 359–360.
40 Dokumentation, S. 122.
41 Luise Kautsky [= L. K.] an A. B., 28. Dezember 1910. In: «August Bebels Briefwechsel mit Karl Kautsky». Hg. von Karl Kautsky jr. Assen 1971 (= Quellen und Untersuchungen zur Geschichte der deutschen und österreichischen Arbeiterbewegung, N. F. Bd. II) [= Kautsky]. S. 249.
42 A. B. an L. K., 26. Dezember 1910, ebd. S. 248.
43 A. B. an L. K., 1. Januar 1911, ebd. S. 250.
44 Werner Blumenberg: «August Bebel». In: «Kämpfer für die Freiheit». Berlin–Hannover 1959. S. 66.
45 Anzeige zit. in: «Kölnische Zeitung», 17. Juli 1903.
46 Siehe Wilhelm Keil: «Erlebnisse eines Sozialdemokraten». Stuttgart 1947. Bd. I, S. 290–291; vgl. Blumenberg, «August Bebel», a. a. O., S. 66, wo A. B. irrtümlich als Alleinerbe erscheint. Er erbte die Hälfte der Hinterlassenschaft.
47 Aus meinem Leben, S. 178 (Passage abgedr. Dokumentation, S. 121).
48 Siehe Zeugnisse (S. 136).
49 Beiblatt zum «Wetzlarer Anzeiger» 195 vom 20. August 1928. Zum Schicksal der Plakette und des Steins, der im Dritten Reich zum Denkmal für die Gefallenen der MG-Abteilung 3 wurde, s. «Bericht über die Verwaltung, Entwicklung und den Stand der Gemeinde-Angelegenheiten der Stadt Wetzlar. Vom 1. April 1913 bis März 1928». S. 174; «Verwaltungsbericht der Stadt Wetzlar. Vom 1. April 1928 bis 31. März 1952». S. 450. Beschreibung des Schriftwechsels über das Legat: Dokumentation, S. 18.
50 A. B. an L. K., 11. November 1912; Kautsky, S. 323.
51 A. B. an Karl Kautsky [= K. K.], 25. August 1902; ebd. S. 147.
52 A. B. an Julie Bebel, 13. Januar 1887; Heinrich Gemkow: «Drei unbekannte Bebel-Briefe aus dem Gefängnis». In: «Beiträge zur Geschichte der Deutschen Arbeiterbewegung» Bd. VII/1965, S. 52.
53 A. B. an L. K., 3. September 1911; Kautsky, S. 273–274.
54 Siehe die Mitteilung über den ärztlichen Befund: Dokumentation, S. 145.
55 Shlomo Na'aman: «Demokratische und soziale Impulse in der Frühgeschichte der deutschen Arbeiterbewegung der Jahre 1862/63». Wiesbaden 1969 (= Institut für Europäische Geschichte Mainz. Vorträge Nr. 51). S. 52.

56 Heinrich Gemkow: «August Bebel». Leipzig 1969. S. 12.

57 Zu dieser Bewegung s. Helmut Hirsch: «Carl Heinrich Marx als Prediger der Krefelder Deutschkatholiken». In: «Archiv für Sozialgeschichte» Bd. III (1963), S. 119–139.

58 Na'aman, a. a. O., S. 47.

59 Abdruck der Erklärung in: «Die Konstituierung der deutschen Arbeiterbewegung 1862/63. Darstellung und Dokumentation». Hg. von S. Na'aman unter Mitwirkung von H.-P. Haarstick. Assen 1972 (= Quellen und Untersuchungen zur Geschichte der deutschen und österreichischen Arbeiterbewegung, N. F. Bd. IV). [Ms.-] S. 221.

60 «Ferdinand Lassalle. Eine Auswahl für unsere Zeit». Hg. von Helmut Hirsch. Bremen 1963. S. 223.

61 Ebd., S. 262.

62 Siehe Shlomo Na'aman: «Lassalle». Hannover 1970 (= Veröffentlichungen des Instituts für Sozialgeschichte Braunschweig). S. 467.

63 A. B.s Diskussionsbeitrag abgedr. in Na'aman–Haarstick, a. a. O., [Ms.-] S. 349.

64 Abdruck der betreffenden Feststellung von Franz Mehring: Dokumentation, S. 26.

65 Siehe das informative Vorwort zu Friedrich Albert Lange: «Über Politik und Philosophie. Briefe und Leitartikel. 1862 bis 1875». Hg. von Georg Eckert. Duisburg 1968 (= Duisburger Forschungen. Beih. 10). S. 11–23.

66 Na'aman, «Lassalle», a. a. O., S. 334.

67 A. B. an K. K., 26. März 1891; Kautsky, S. 75–76.

68 Friedrich Naumann: «Erinnerungen an Bebel.» In: «Die Hilfe» 34 vom 21. August 1913, S. 530; vgl. «August Bebel» in: «Die Hilfe» 16 (1910), S. 116.

69 Siehe A. B. an F. E., 28. März und 11. Februar 1881; Engels, S. 105, 102.

70 Einleitung von Maximilien Rubel zu Karl Marx: «Œuvres. Économie». Paris 1963. Bd. I, S. 269.

71 Maximilien Rubel: «La Charte de la Première Internationale. Essai sur le ‹marxisme› dans L'Association internationale des Travailleurs». In: «Le Mouvement Social» 51 (April–Juni 1965), S. 3.

72 Siehe ebd.

73 Engels, S. 9–10.

74 Siehe ebd. S. 10, Anm. 6.

75 Abdruck der Reichstagsrede vom 10. April 1867: Dokumentation, S. 153–156.

76 Franz Mehring: «Aufsätze zur Geschichte der Arbeiterbewegung». Hg. von Hans-Jürgen Friederici [u. a.]. Berlin 1963. S. 466.

77 Dr. E. Dittrich-Gallmeister, Dr. J. Dittrich, Prof. Dr. H. Herzfeld: «Grundriß der Geschichte für die Oberstufe der Höheren Schulen, Ausg. B, III. Von 1850 bis zur Gegenwart». Stuttgart o. J. S. 37, 40.

78 Abdruck der Reichstagsrede vom 26. November 1870: Dokumentation, S. 158–162.

79 Mehring, a. a. O.

80 A. B. an Eduard Bernstein, 18. August 1874. In: Gemkow, «Drei unbekannte Bebel-Briefe», a. a. O., S. 50.

81 Siehe Georg Eckert: «Die Braunschweiger Arbeiterbewegung unter dem Sozialistengesetz. I. Teil». Braunschweig 1961 (= Quellen und Forschungen zur Braunschweigischen Geschichte. Bd. 16). S. 11–83.

82 A. B. an K. K., 12. September 1910; Kautsky, S. 233.

83 Abdruck des Passus: Dokumentation, S. 407.

84 E(duard) B(ernstein): «August Bebel». In: «Encyclopaedia Britannica». Passus abgedr. in: Dokumentation, S. 248.

85 Siehe K. K. an A. B., 10. März 1885; Kautsky, S. 35.

86 Siehe Georg Eckert: «Samuel Spier und Samuel Kokosky in den Reihen der Braunschweiger Arbeiterbewegung». In: «Brunsvicensia Judaica. Gedenkbuch für die jüdischen Mitbürger der Stadt Braunschweig. 1933–1945». Braunschweig 1966. S. 71–93.

87 Siehe Edmund Silberner: «Zur Jugendbiographie von Johann Jacoby». In: «Archiv für Sozialgeschichte» IX (1969), S. 5–112.

88 Institut für Marxismus-Leninismus beim ZK der SED: «Geschichte der deutschen Arbeiterbewegung». Berlin 1966. Bd. 1, S. 355 (s. das Frontispiz-Bebel-Porträt)

89 F. E. an Philipp Pauli, 30. Juli 1878; Institut für Marxismus-Leninismus beim ZK der SED: «Karl Marx, Friedrich Engels». Berlin 1966. Bd. 34, S. 335.

90 «Geschichte der deutschen Arbeiterbewegung», a. a. O. [s. Anm. 88].

91 A. B. Reichstagsrede vom 16. September 1878, zit. ebd. S. 354–355.

92 Abgedr. Dokumentation, S. 333–344.

93 Karl Kautsky: «Erinnerungen und Erörterungen». Hg. von Benedikt Kautsky. 's-Gravenhage 1960 (= Quellen und Untersuchungen zur Geschichte der deutschen und österreichischen Arbeiterbewegung. Bd. III). S. 273.

94 Jürgen Jensen: «Presse und politische Polizei. Hamburgs Zeitungen unter dem Sozialistengesetz. 1878–1890». Hannover 1966. S. 40.

95 Jensen, a. a. O., S. 88.

96 A. B. an F. E., 19. Juli 1879; Engels, S. 43

97 Siehe Jensen, a. a. O., S. 89.

98 Siehe «Ein revisionistisches Sozialismusbild. Drei Vorträge von Eduard Bernstein». Hg. von Helmut Hirsch. Hannover 1966. Einl.

99 Zu Vollmars Ersetzung durch Bernstein s. Kautsky, «Erinnerungen und Erörterungen», a. a. O., S. 463–470.

100 Ebd. S. 426.

101 A. B. an F. E., 2. Mai 1883; Engels, S. 156.

102 F. E. an A. B., 10.–11. Mai 1883; ebd. S. 157, 158.

103 A. B. an F. E., 24. November 1884; ebd. S. 199.

104 A. B. an F. E., 7. Dezember 1885; ebd. S. 249.

105 F. E. an A. B., 20.–23. Januar 1886; ebd. S. 254–255.

106 A. B. an F. E., 9. März 1886; ebd. S. 263.

107 F. E. an Julie Bebel, 12. März 1887; ebd. S. 302.

108 Julie Bebel an F. E., 13. August 1887; ebd. S. 305.

109 A. B. an F. E., 19. August 1887; ebd. S. 307.

125

110 A. B. an F. E., 24. September 1887; ebd. S. 309.

111 A. B. an F. E., 12. November und 30. Dezember 1887; ebd. S. 313, 317.

112 A. B. an F. E., 31. Oktober 1888; ebd. S. 341.

113 A. B. an F. E., 31. März 1889; ebd. S. 354.

114 Werner Blumenbergs Kommentar, ebd. S. 372.

115 A. B. an F. E., 2. Januar 1890; ebd. S. 373.

116 F. E. an A. B., 23. Januar 1890; ebd. S. 374; s. a. «Täglicher Anzeiger für Berg und Mark», 25. Dezember 1889, und «Neueste Nachrichten für Elberfeld, Barmen und Umgegend», 31. Dezember 1889.

117 F. E. an A. B., 17. Februar 1890; Engels, S. 380.

118 A. B. an F. E., 21. Februar 1890; ebd. S. 381.

119 A. B. an F. E., 7. März 1890; ebd. S. 382.

120 Weitere Äußerungen Bismarcks über Bebel: Dokumentation, S. 326–327.

121 A. B. an F. E., 24. Oktober 1890; Engels, S. 402.

122 A. B. an F. E., 31. März 1890; ebd. S. 384, 386.

123 A. B. an F. E., 9. April 1890; ebd., S. 387.

124 Eduard Bernstein an F. E., 22. August 1890. In: «Eduard Bernsteins Briefwechsel mit Friedrich Engels». Hg. von Helmut Hirsch. Assen 1970 (= Quellen und Untersuchungen zur Geschichte der deutschen und österreichischen Arbeiterbewegung, N. F. Bd. I). S. 368

125 Ebd. Anm. 6.

126 Eduard Bernstein an F. E., 30. August 1890; ebd. S. 369.

127 Engels, S. 395, Anm. 2.

128 A. B. an F. E., 27. August 1890; ebd. S. 395.

129 Siehe ebd. S. 397–398, Anm. 1.

130 F. E. an Wilhelm Liebknecht, 9. März 1890. In: Wilhelm Liebknecht, «Briefwechsel mit Karl Marx und Friedrich Engels». Hg. von Georg Eckert. The Hague 1963 (= Quellen und Untersuchungen zur Geschichte der deutschen und österreichischen Arbeiterbewegung. Bd. V). S. 367.

131 F. E. und L. K. an A. B., 1.–2. Mai 1891; Engels, S. 418.

132 F. E. an Wilhelm Liebknecht, 10. August 1890 (IISG); vgl. den Lesefehler im edierten Briefwechsel: Eckert, a. a. O., S. 376.

133 A. B. an F. E., 14. Oktober 1891; Engels, S. 453.

134 A. B. an F. E., 16. Oktober 1891; ebd. S. 455.

135 Ebd. S. 456, Anm. 1.

136 A. B. an F. E., 29. September 1890; ebd. S. 400.

137 A. B. an F. E., 23. September 1890; ebd. S. 399.

138 A. B. an F. E., 12. September 1891; ebd. S. 432.

139 A. B. an F. E., 29. September 1891; ebd. S. 434.

140 A. B. an F. E., 9. Oktober 1891; ebd. S. 449.

141 F. E. an A. B., 14. August 1892; ebd. S. 572.

142 F. E. an A. B., 20. August 1892; ebd. S. 576.

143 A. B. an F. E., 14. September 1892; ebd. S. 585.

144 Siehe A. B. an F. E., 23. Januar 1893; ebd. S. 649 und Anm. 9; 10. Oktober 1893; ebd. S. 710, 713; 25. Oktober 1893; ebd. S. 728; 13. November 1893; ebd. S. 732.

145 A. B. an F. E., 26. November 1893; ebd. S. 735.
146 A. B. an F. E., 4. August 1894; ebd. S. 773.
147 Eduard Bernstein in einer Buchkritik im «Vorwärts» vom 27. Januar 1901.
148 Siehe u. a. Eduard Bernstein: «Die Voraussetzungen des Sozialismus und die Aufgaben der Sozialdemokratie». Hg. von Günther Hillmann. Reinbek 1969 (= Rowohlts Klassiker. 252/253/254). Bibliographie.
149 A. B. an K. K., 16. November 1897; Kautsky, S. 102.
150 A. B. an K. K., 15. Februar 1898; ebd. S. 103.
151 A. B. an K. K., 3. September 1898; ebd. S. 109.
152 A. B. an K. K., 9. September 1898; ebd. S. 110.
153 A. B. an K. K., 24. September 1898; ebd. S. 111.
154 A. B. an K. K., 22. März 1899; ebd. S. 113; s. A. B. an K. K., 3. August 1899; ebd. S. 115.
155 A. B. an K. K., 3. September 1899; ebd. S. 119; s. A. B. an Eduard Bernstein, 3. August 1899; ebd. S. 118 und Anm. 1.
156 A. B. an K. K., 9. September 1899; ebd. S. 120.
157 A. B. an K. K., 22. September 1899; ebd. S. 124.
158 Fotomechanischer Nachdruck in: «Ein revisionistisches Sozialismusbild», a. a. O. [s. Anm. 98].
159 A. B. an K. K., 24. Juni 1901; Kautsky, S. 133–134.
160 A. B. an K. K., 29. August 1901; ebd. S. 138.
161 «Vorwärts» vom 25. September 1901.
162 A. B. an K. K., 25. August 1902; Kautsky, S. 146.
163 A. B. an K. K., 5. Januar 1903; ebd. S. 149, 150.
164 A. B. an K. K., 29. August 1903; ebd. S. 156.
165 A. B. an K. K., 16. Juni 1911; ebd. S. 261.
166 Siehe Helmut Hirsch: «Karl Friedrich Köppen. Der intimste Berliner Freund Marxens». In: «Denker und Kämpfer. Gesammelte Beiträge zur Geschichte der Arbeiterbewegung». Frankfurt a. M. 1955. S. 77.
167 A. B. an K. K., 7. Februar 1913; ebd. S. 328, 329.
168 «Protokoll über die Verhandlungen des Parteitages der Sozialdemokratischen Partei Deutschlands. Abgehalten zu Hannover vom 9. bis 14. Oktober 1899». Berlin 1899. S. 127–128; vgl. Susanne Miller: «Das Problem der Freiheit im Sozialismus. Freiheit, Staat und Revolution in der Programmatik der Sozialdemokratie von Lassalle bis zum Revisionismusstreit». Frankfurt a. M. 1964. S. 286.
169 «Protokoll über die Verhandlungen des Parteitages der Sozialdemokratischen Partei Deutschlands. Abgehalten zu Stuttgart vom 3. bis 8. Oktober 1898». Berlin 1898. S. 93.
170 Die Metapher geht auf einen Abschnitt in Paul Frölichs klassischer Biographie «Rosa Luxemburg. Gedanke und Tat» (Hamburg 1949. S. 95–100) zurück, die Peter Nettl in seiner umfassenden Studie «Rosa Luxemburg» (Köln–Berlin 1965. S. 153) entwickelt hat.
171 Clara Zetkin an K. K., 29. September 1898; Werner Blumenberg: «Einige Briefe Rosa Luxemburgs und andere Dokumente». In: «Bulletin des Internationalen Instituts für Sozialgeschichte» VII/1 (1952), S. 11.

172 A. B. an Bruno Schoenlank, 3. November 1898 (IISG).

173 Julie Bebel an L. K., 6. September 1904; Kautsky, S. 167, s. Anm. 3.

174 A. B. an K. K., 26. Oktober 1905; ebd. S. 173.

175 Rosa Luxemburg an Henriette Roland-Holst, 2. Oktober 1905; zit. in Nettl, a. a. O., S. 301.

176 A. B. an K. K., 18. Juni 1907; Kautsky, S. 186.

177 Siehe A. B. an K. K., 15. März 1910; ebd. S. 220 und Anm. 1.

178 A. B. an K. K., 14. Juli 1910; ebd. S. 221.

179 A. B. an K. K., 5. August 1910; ebd. S. 226.

180 A. B. an K. K., 5. August 1911; ebd. S. 266.

181 A. B. an K. K., 20. August 1911; ebd. S. 268.

182 A. B. an K. K., 30. August 1911; ebd. S. 270.

183 A. B. an K. K., 8. Oktober 1912; ebd. S. 316.

184 K. K. an A. B., 18. Juli 1913; ebd. S. 353; vgl. S. 115.

185 Dokumentation, S. 18–19 [s. Anm. 7].

186 Siehe *Gewerkschaftsbewegung und politische Parteien*, ebd. S. 345–360.

187 *Die Frau und der Sozialismus*. 162.–166. Tsd. Stuttgart 1920. S. 474–475.

188 Der Passus ist abgedr. in: Dokumentation, S. 148.

189 Ebd. S. 187; Auszüge aus der Reichstagsrede S. 187–205.

190 «Internationaler Sozialisten-Kongreß zu Amsterdam. 14. bis 20. August 1904». Berlin 1904. S. 31, 57.

191 Dokumentation, S. 206; Protokollauszüge S. 206–218.

192 Ebd. S. 219; Auszüge aus der Reichstagsrede vom 30. Januar 1905: ebd. S. 218–228.

193 A. B. an James Ramsey MacDonald, 3. August 1908 (IISG).

194 A. B. an K. K., 22. August 1908; Kautsky, S. 197.

195 «Vorwärts» vom 11. Februar 1900.

196 «Protokoll über die Verhandlungen des Parteitages der Sozialdemokratischen Partei Deutschlands. Abgehalten zu Essen vom 15. bis 21. September 1907». Berlin 1907. S. 255.

197 A. B. an einen lettischen Parteigenossen, 31. August 1908 (IISG); s. a. den öffentlichen Ausdruck seiner wärmsten Anerkennung und Sympathie für die russischen Revolutionäre, abgedr. in: Dokumentation, S. 320.

198 «Außerordentlicher Internationaler Sozialisten-Kongreß zu Basel am 24. und 25. November 1912». Berlin 1912. S. 3.

199 Dokumentation, S. 228; Text der Ansprache vom 24. November 1912: ebd. S. 228–231.

200 A. B. an Paul Geheeb, 12. Dezember 1891 (Schweizerisches Sozialarchiv).

201 «Deutschland und Frankreich in Bern». In: «Vorwärts» vom 13. Mai 1913; Abdruck des dort wiedergegebenen Redetexts vom Pfingstsonntag (11. Mai 1913): Dokumentation, S. 232–233, wo es irrtümlich «Pfingstmontag» heißt.

202 «Zu der deutsch-französischen Verständigungskonferenz». In: «Berner Intelligenzblatt» vom 10. Mai 1913; «Das Ergebnis der deutsch-fran-

zösischen Einigungskonferenz», ebd. 12. Mai 1913; vgl. den offensichtlich etwas genaueren Ansprachentext «Die Berner Verständigungskonferenz» in: «Berner Tagwacht» vom 13. Mai 1913.

203 Naumann, a. a. O., S. 531.
204 Siehe «Stenographische Berichte über die Verhandlungen des Reichstages» XIII, 1, Bd. 290, S. 5683; vgl. A. B.s letzte Rede vor dem Hauptausschuß des Reichstags: *Es gibt in Deutschland überhaupt keinen Menschen, der sein Vaterland fremden Angriffen wehrlos preisgeben möchte... Wir müssen in Deutschland mit der Möglichkeit eines Angriffskrieges von außen leider einstweilen noch rechnen, namentlich von Osten her... Infolgedessen rechtfertigt sich nicht nur die Wehrhaftmachung des letzten Mannes bei uns, sondern sie ist eine notwendige Forderung.*
205 Naumann, a. a. O.
206 «Vorwärts» vom 8. Dezember 1899.
207 A. B. an F. E., 8. Juli 1892; Engels, S. 560.
208 A. B. an F. E., 7. September 1892; ebd. S. 581–582.
209 A. B. an K. K., 29. November 1910; ebd. S. 244.
210 Siehe ebd. S. 281, Anm. 1.
211 A. B. an K. K. und L. K., 1. Januar 1912; ebd. S. 282.
212 A. B. an L. K., 19. Januar 1912; ebd. S. 284.
213 A. B. an L. K., 27. Januar 1912; ebd. S. 285.
214 A. B. an K. K. und L. K., 2. März 1912; ebd. S. 289.
215 A. B. an L. K., 16. März 1912; ebd. S. 292.
216 A. B. an L. K., 28. April 1912; ebd. S. 295.
217 A. B. an L. K., 3. Juni 1912; ebd. S. 301.
218 A. B. an L. K., 5. August 1912; ebd. S. 309.
219 A. B. an K. K., 29. Juli 1913; ebd. S. 357.
220 A. B. an K. K., undatiert; ebd. S. 359.
221 A. B. an L. K., 12. August 1913; ebd. S. 359, 360.
222 «Züricher Wochen-Chronik» 34 vom 23. August 1913, S. 401–410.

ZEITTAFEL

1838	28. Oktober: Trauung des Unteroffiziers Johann Gottlob Bebel mit Wilhelmina Johanna Simon durch den Oberprediger Möllhauser in Koblenz.
1839	Preußen führt Fabrikarbeitsverbot für Kinder unter neun Jahren und Zehn-Stunden-Tag für Jugendliche ein.
1840	22. Februar: Ferdinand August Bebel in Deutz bei Köln geboren. 1. März: Taufe durch den Divisionsprediger Grashof.
1841	3. April: Geburt des Bruders Carl Julius in Deutz.
1842	26. Oktober: Geburt des Bruders Carl Friedrich in Deutz.
1844	31. Januar: Der Vater stirbt mit 35 Jahren im Kölner Garnisonslazarett. 14. Oktober: Die Mutter heiratet den Zwillingsbruder des Vaters, Ferdinand August Bebel.
1846	20. Januar: Tod des Bruders Carl Friedrich. 19. Oktober: Tod des Stiefvaters mit 38 Jahren in Brauweiler bei Köln.
1853	Die Mutter stirbt mit 49 Jahren am 2. Juni in Wetzlar.
1854	30. April: Konfirmation durch Oberpfarrer Friedrich Foertsch; Schulentlassungsexamen als Freischüler; Beginn der Lehre bei dem Wetzlarer Drechslermeister Karl Ellenberger.
1857	Mitte Mai: Beendigung der Lehre; Tod des Meisters.
1858–1860	Gesellen- und Wanderjahre.
1859	13. Mai: Tod des Bruders Carl Julius in Limburg.
1860	7. Mai: Ankunft in Leipzig.
1861	Eintritt in den Leipziger Gewerblichen Bildungsverein.
1862	Wahl in den leitenden Ausschuß des Bildungsvereins.
1863	Kündigung zum Jahresende; Verkauf der Wetzlarer Familienparzellen.
1864	Verlobung mit Johanna Carolina Henriette (Julie) Otto; getarnte Niederlassung als Kleinmeister in Leipzig.
1865	Als Vorsitzender des Leipziger Arbeiterbildungsvereins Begegnung mit Wilhelm Liebknecht, seitdem Freundschaft mit ihm.
1866	Heirat, Naturalisierung, Einbürgerung in Leipzig. Entscheidender Anteil (neben Liebknecht) an der Gründung der Sächsischen Volkspartei.
1867	Wahl in den Reichstag des Norddeutschen Bundes; Präsident eines sächsischen «Arbeitertags», der unter anderem den Zehn-Stunden-Tag und Abschaffung der industriellen Kinderarbeit fordert. 10. April: Jungfernrede im Reichstag.
1868	Erste Verurteilung (drei Wochen Gefängnis) wegen «Verbreitung staatsgefährlicher Lehren».
1869	16. Februar: Geburt der Tochter Bertha Friederike (Frieda). Ausarbeitung des Entwurfs für den Allgemeinen deutschen sozial-demokratischen Arbeiterkongreß in Eisenach «im Geist der Internationalen Arbeiter-Assoziation».
1870	26. November: Forderung im tobenden Reichstag: «Frieden mit der französischen Nation, unter Verzichtleistung auf jede Annexion».

1870–1871	Einhundertzweitägige Untersuchungshaft.
1872	Wegen Vorbereitung zum Hochverrat zu zwei Jahren Festung und wegen Majestätsbeleidigung zu neun Monaten Gefängnis verurteilt, tritt Bebel mit Wilhelm Liebknecht seine Haft in Hubertusburg an, die er in der Festung Königstein beendet.
1875	Zusammenschluß der Eisenacher und Lassalleaner in Gotha zur Sozialistischen Arbeiterpartei Deutschlands.
1876	Inbetriebnahme einer kleinen Dampffabrik in Gemeinschaft mit dem Kapitalisten Ferdinand Issleib.
1879	Erscheinen der Urfassung von *Die Frau und der Sozialismus*.
1880	Besuch (mit Eduard Bernstein und Paul Singer) bei Karl Marx und Friedrich Engels zur Koordinierung des Londoner «Denkzentrums» mit der weitgehend von Bebel getragenen deutschen Parteileitung und dem von ihm mitgesteuerten Züricher «Sozialdemokrat».
1881	Ende Juni: Ausweisung aus Leipzig auf Grund des Sozialistengesetzes, Niederlassung in Borsdorf bei Leipzig.
1882	1. Oktober: Bismarcks Plan einer Reichsunfall-Versicherungsbank Engels gegenüber bezeichnet als *die einzige vernünftige Idee, die er bisher gehabt hat*.
1883	Drei Verurteilungen, zusammengezogen zu einer Gefängnisstrafe von vier Monaten.
1884	Niederlassung in Plauen bei Dresden, Aufnahme der Tätigkeit als Reisender und Schriftsteller.
1886	Verurteilung vom Landgericht Freiberg wegen «Teilnahme an geheimen, ungesetzlichen Verbindungen» zu neun Monaten Gefängnis.
1888	Verarbeitung der Bismarckschen Umfrage unter dem Titel *Die Sonntags-Arbeit*.
1889	Aufgabe der geschäftlichen Tätigkeit zugunsten der sozialpolitischen Schriftstellerei in Verbindung mit dem Verleger Heinrich Dietz, Stuttgart; Auftreten als Angeklagter im letzten großen Geheimbund-Prozeß, Elberfeld.
1890	Übersiedlung nach Berlin. Ganztägiges Arbeiten im Reichstag. *Zur Lage der Arbeiter in den Bäckereien*.
1891	Heirat von Frieda Bebel mit dem Arzt Dr. Ferdinand Simon; Ablehnung der Gesindeordnung von 1835, Vorschlag, die Dienstboten auf die Stufe der industriellen Arbeiter zu stellen.
	8. September: Rede über *Die gegenwärtige Lage und die Sozialdemokratie* im Nürnberger «Bürgersaal» vor über 2500 Versammelten.
	Auseinandersetzung mit Georg von Vollmar auf dem Erfurter Parteitag.
1892	Herbst: Sichtbarwerdung eines Risses, der schließlich zur Kluft zwischen Bebels «Zentrismus» und Bernsteins «Revisionismus» wird.
1893	Kölner Parteitagsrede über den Antisemitismus.

	2. Juni: In Straßburg *mit Hochs* empfangen. *Alles blieb auf der Straße stehen oder stürzte an die Türen und Fenster.*
1897	Erbauung der «Villa Julie» am Züricher See.
1900	7. März: Behauptung im Reichstag, *daß eine besonders intelligente, energische, geistreiche und gesunde Frau auch fähig ist, Staatsrat oder sogar Minister zu werden.*—
	10. November: China-Rede.
	Gewerkschafts-Bewegung und Politische Parteien.
1901	Anfang Dezember: Ein 15 Zentner wiegender Petitionsballen mit Bebels und 3 431 783 weiteren Unterschriften versehenem Protest gegen die Erhöhung der Lebensmittelzölle dem Reichstagsbüro überreicht.
1903	Ausfall gegen die Mitarbeit an der bürgerlichen Presse auf dem Dresdner Parteitag, Verteufelung Bernsteins als *Lumpenhund*; Kaiser-Rede.
1904	19. August: «Duell» mit Jean Jaurès auf dem Internationalen Sozialistenkongreß, Amsterdam; Einreichung einer Resolution gegen die Ausnahmegesetzgebung und die Verfolgung der Juden in Rußland.
1905	30. Januar: Reichstagsrede über den Herero-Aufstand; Bebels Entschließung auf dem Jenaer Parteitag zur Frage des Massenstreiks von Rosa Luxemburg als «sehr einseitig und flach» bezeichnet.
1908	«Wochenlange Kuren»; Teilnahme am Nürnberger Parteitag gegen den Willen der Ärzte.
1909	24. Oktober: Öffentliche Stellungnahme gegen die Todesstrafe.
1910	*Aus meinem Leben*, Erster Teil.
	22. November: Tod der Anfang 1908 an Brustkrebs operierten Julie Bebel.
1911	*Aus meinem Leben*, Zweiter Teil.
1912	4. Januar: Tod des an einer allgemeinen Sepsis gestorbenen Dr. med. Ferdinand Simon.
	26. Februar: Frieda Bebel bricht zusammen und unternimmt Anfang März einen Selbstmordversuch.
	24. November: Basler Bekenntnis zum «Einbund der Arbeiter der Welt».
1913	Pfingsterklärung für deutsch-französische Verständigung.
	20. Juni: Letzte namentliche Abstimmung im Reichstag (Antrag gegen militärische Diskriminierung).
	13. August: August Bebel stirbt an seinem Herzleiden in Churwalden/Passug (Schweiz).
1914	*Aus meinem Leben*, Dritter Teil, herausgegeben von Karl Kautsky.
1918	Abschaffung der Gesindeordnung, Einführung des Acht-Stunden-Tags und des Frauenwahlrechts.

ZEUGNISSE

Otto von Bismarck

In Deutschland sind die Wirkungen kommunistischer Arbeiterverbindungen in den größern Städten und den Zentren der Industrie in unseren westlichen Provinzen, namentlich aber in den sächsischen Fabrikdistrikten, erkennbar, und der Abg. Bebel, von dem daneben behauptet wird, daß er aus dem Vermögen des frühern Königs von Hannover Unterstützungen und Agitationsmittel beziehe, hat den verbrecherischen Bestrebungen seiner Gesinnungsgenossen im Reichstage offen Ausdruck gegeben.

In einem Erlaß an den Gesandten in Wien, 7. Juni 1871

Georg Brandes

Er sieht, trotz allem, was er durchgemacht hat, jünger aus als seine Jahre, ist schlank, mittelgroß, blond, fast fein, hat einen klugen, energischen Blick und eine kräftige, gebieterische Stimme, die Gegenbemerkungen abschneidet und Gegenbeweise durchhaut. Er ist ein kenntnisreicher Autodidakt, eine in allen wesentlichen Beziehungen durchgebildete Persönlichkeit, die nur einer einzigen Art von Kultur ermangelt: der gesellschaftlichen, die sich ja nur durch Befähigung und Gelegenheit zu Gesprächen, die kein praktisches Ziel verfolgen, gewinnen läßt. Er ist tiefernst, überzeugt bis ins Mark, flammend heftig — wie man es auf einer Tribüne ist, nicht in einem Wohnzimmer —, von lichtem Glauben an die Zukunft seiner Sache erfüllt, ungewöhnt, im Privatleben auf Widerspruch zu stoßen, und ein wenig ungeeignet dazu. Er hantiert mit voller Sicherheit ein Schlachtschwert, kann es aber nicht recht brauchen, wenn er mit einem leichten Degen angegriffen wird.

«Deutsche Persönlichkeiten». 1891

Carl Ferdinand Freiherr von Stumm-Halberg

Meine Herren, in Berlin wird unter den Augen der Polizei oder vielmehr durch die Entscheidung des Oberverwaltungsgerichts ein Stück, «Die Weber», aufgeführt, ein Stück, das in New York verboten worden ist, das Ihr früherer Genosse Most als das wirksamste Mittel zur Verbreitung anarchistischer Ideen, wirksamer als alle anarchistischen Flugblätter, hingestellt hat — das wird durch die Entscheidung des Oberver-

waltungsgerichts in Berlin aufgeführt (Hört, hört! rechts), während es
in Stettin und Hamburg verboten wurde. Ja, meine Herren, es ist nicht
einmal so weit gekommen, daß man in allen staatlichen Betrieben noto-
risch sozialdemokratische Arbeiter ausgeschlossen hat (Zuruf links).
Wenn die Sozialdemokratie selbst hier im Reichstage mit Glacéhand-
schuhen angefaßt wird (Heiterkeit links), obwohl die Herren uns durch
Majestätsbeleidigung im höchsten Maße erzürnen (Zurufe links), obwohl sie durch ihre Obstruktionspolitik gegen die Verhandlung der
Umsturzvorlage uns geradezu verhöhnt haben, wenn der Abgeordnete
Bebel es wagen kann, unser ruhmreiches Deutsches Reich mit der Zeit
des römischen Reichs unter Tiberius und Caligula zu vergleichen, ohne
daß ihm ein einmütiges «Quousque tandem, Catilina!» entgegenge-
donnert wird (Heiterkeit links), so können Sie es dem Arbeitgeber,
namentlich dem kleinen Gewerbetreibenden, nicht verdenken, wenn er
schließlich die Hände in den Schoß legt, wie der Vogel Strauß den Kopf
in den Sand steckt und der Polizei alles weitere überläßt.

Im Reichstag, 9. Januar 1895

Friedrich Naumann

Einer hat den revolutionären Marx verstanden, den ganzen Menschen
voll gefrorener Leidenschaft: Bebel. Einer hat den Marxismus 35 Jahre
verkündigt, ohne seine Schulbegriffe zu fassen: Bebel. Wenn man also
Bebel und Kautsky Arm in Arm gehen sieht, so soll man sie doch nicht
für Zwillinge halten. Der eine ist seinem Wesen nach Professor und der
andere Prophet.

«Die Hilfe». 1903

Maximilian Harden

Bebel beherrscht die stärkste Partei Deutschlands mit der unbe-
schränkten Macht eines asiatischen Despoten. Sein Wille geschieht. Er
ist Zensor, Richter, Oberfeldherr, König, Gott. Er unterbricht jeden
Redner, der ihm nicht behagt, mit rohen Schimpfwörtern und perfider
Verdächtigung. Er behandelt in der eigenen Partei die Gegner, gebil-
dete Leute, die seit Jahrzehnten für die sozialdemokratische Sache
arbeiten, wie eine abgefaßte Gaunerbande, in besserer Laune wie unar-
tige, lügenhafte Schulbuben, die der Magister übers Knie legt: und die
Abgestraften winseln höchstens ein bißchen, greinen zwei Sekunden
über ungerechten Tadel und versichern den Mann mit dem Bakel dann
ihrer unbegrenzten Verehrung. Dabei ist's nicht einmal richtig, Bebel

einen Diktator zu schelten, wie Herr von Vollmar in einer Viertelstunde wachen Mutes tat. Zum Wesen eines Diktators gehört, daß er gegen den Willen der Mehrheit herrscht; und Bebel verkörpert den Willen der weit überwiegenden Mehrheit seiner Partei – er ist die Partei. Ist der kleine Mann, der sich materiell und geistig mühsam heraufgearbeitet hat, alle Menschen und Dinge aber noch immer von unten sieht, aus der Kellerwohnung, und sich riesig heldenhaft dünkt, wenn er schreit: «Ich will der Todfeind dieser bürgerlichen Gesellschaft und dieser Staatsordnung bleiben, solange ich lebe und existiere, um sie in ihren Existenzbedingungen zu untergraben.» Daß er gar nichts untergräbt, kein wichtiges Fundament, daß es der untergrabenen bürgerlichen Gesellschaft von Jahr zu Jahr besser geht und nur die dumme Furchtsamkeit mancher Minister von nahen Revolutionen träumt und vor dem Tag zittert, da die Sozialdemokratie im Staate die Macht haben wird: davon ahnt er nichts. Macht! Der kleine Mann will ja keine Macht. Die korrumpiert nur, ist nur für die Pudelmenschen, nicht für die brave, ehrliche Köterkaste.

«Die Zukunft». 1903

HELMUT VON GERLACH

Es klingt paradox und ist doch wahr, wenn man sagt: Der Führer der größten Partei Deutschlands ist nie im eigentlichen Sinne des Wortes Politiker gewesen. Der Politiker muß wie der Staatsmann auf lange hinaus Pläne machen, vorbereiten, vorbeugen, alle Eventualitäten in Betracht ziehen, kurz, etwa so verfahren wie der Generalstabschef eines kriegführenden Heeres. Bebel aber hat politisch immer von der Hand in den Mund gelebt. Nur das Endziel stand für ihn fest, der sozialistische Zukunftsstaat. Dies Ziel hat er nie aus dem Auge verloren. Aber über die Wege, die zu dem Ziele führen könnten, hat er sich nie sonderlich den Kopf zerbrochen. Er hat immer eine Politik von Fall zu Fall getrieben. Bismarck dachte 1866 schon an 70. Windthorst richtete sich schon während der Maigesetze auf den Canossagang des Kanzlers ein. Bebel hat immer nur allerfernste Zukunfts- und allernächste Augenblickspolitik getrieben. Was dazwischenliegt, beschäftigte ihn nicht.

«Ein biographischer Essay». 1909

Die Periode der Vorbereitung und Sammlung der Kräfte der Arbeiterklasse stellt in allen Ländern eine notwendige Etappe in der Entwicklung des internationalen Befreiungskampfes des Proletariats dar. Niemand hat so ausgeprägt die Besonderheiten und Aufgaben dieser Periode verkörpert wie August Bebel. Selbst ein Arbeiter, vermochte er sich den Weg zu festen sozialistischen Überzeugungen zu bahnen, vermochte er zum Vorbild eines Arbeiterführers zu werden, eines Repräsentanten und Mitkämpfers der Lohnsklaven des Kapitals in ihrem Massenkampf für eine bessere Ordnung der menschlichen Gesellschaft.

«Sewernaja Prawda». 1913

Rosa Luxemburg

Tausende, später Hunderttausende, zuletzt Millionen deutscher Proletarier leisteten ihm Gehorsam und Gefolgschaft, weil Bebel wie kein zweiter es verstand, die rastlose Kampflust und Zähigkeit dieser Millionen im Erobern jeder Handbreit eines menschenwürdigen Daseins sowie auch ihren revolutionären Idealismus zu erfassen, diesen politischen Tugenden Worte zu verleihen, sie zur Tat zu schmieden.

«Die Gleichheit». 1. September 1913

Karl Kautsky

Weder in Frankreich noch in England fand Bebel ein Vorbild, an das er sich bei seiner Tätigkeit im Parlament halten konnte. Auch einem erfahreneren, reiferen, besser vorgebildeten Mann hätte diese Situation schwere Probleme aufgegeben. Bebel war jung, noch nicht 27 Jahre alt, als er zuerst gewählt wurde; er hatte nur eine höchst dürftige Schulbildung und geringe politische Erfahrung – so sah der sozialistische Proletarier aus, der als der erste der Weltgeschichte in ein Parlament eindrang. Ihm gegenüber standen die bedeutendsten Staatsmänner, die gelehrtesten Redner, die gewiegtesten Parlamentarier jener Zeit. Ihm gegenüber stand eine Regierung, die drei Kriege glänzend gewonnen, das Sehnen der Nation befriedigt hatte; eine Regierung, vor der die ganze bürgerliche Welt zusammenknickte. Und hinter ihm stand nichts als ein schwaches, noch nach eigener innerer Klärung ringendes Parteichen! Und trotzdem wußte er sich zu behaupten und imponierte er.

«Aus meinem Leben». Nachwort des Herausgebers. 1914

Leo Trotzki

In der Person Bebels verkörperte sich der langsame, aber beständige Aufstieg der neuen Klasse. Dieser magere Alte schien ganz aus geduldigem, aber unbeugsamem Willen geschaffen, der auf ein einziges Ziel gerichtet war. In seinem Denken, in seinen Reden, in seinen Artikeln kannte Bebel absolut nicht den Aufwand von geistigen Energien, die nicht unmittelbar einer praktischen Aufgabe dienten. Darin bestand auch die besondere Schönheit seines politischen Pathos. Er verkörperte jene Klasse, die nur in freien Stunden lernt, darum jede Minute schätzt und gierig nur das aufnimmt, was sie unbedingt nötig hat. Welche ausgeglichene menschliche Gestalt!

«Mein Leben». 1929

Willy Brandt

Frei in Willensbildung und Meinungsäußerung, mit dem Recht auf Bildung ausgestattet, mit dem Schutz vor Ausbeutung, Willkür und Not versehen, hat der Bürger heute eine ganz andere Chance, für die Ausgestaltung seines Staates zu wirken. Wenn die Realitäten der Bundesrepublik und des geteilten Deutschland August Bebel in manchem bestätigen, so widerlegen sie ihn in anderem. In der heutigen politischen Wirklichkeit hat es sich beispielsweise als notwendig und möglich erwiesen, daß sich unterschiedliche und gegensätzliche politische Kräfte zum zeitweiligen Miteinander bereit finden. Aber es ist auch heute wichtig, sich nicht nur in der Tagesarbeit zu erschöpfen, sondern sie an großen Menschheitszielen zu messen. In einem sehr bedeutsamen praktischen Punkt dürfen wir uns heute mit August Bebel ganz einig wissen, darin nämlich, daß die Außenpolitik nichts als eine klare und entschiedene Friedenspolitik zu sein hat.

Geleitwort zu «August Bebel». 1968

BIBLIOGRAPHIE

Nachfolgend geben wir die wichtigsten der von uns benutzten Quellen. Interessierte Leser seien einerseits auf die 1962 von der Bonner Kommission für Geschichte des Parlamentarismus und der politischen Parteien herausgegebene, Ernst Schraepler zu verdankende, 1333 Bebeliana und 175 Nummern zum Schrifttum über Bebel umfassende Bibliographie hingewiesen. Der West-Berliner Gelehrte ließ ihr 1966 in der Reihe «Persönlichkeit und Geschichte» eine biographische Skizze folgen, die zur Ergänzung einer auf Selbstzeugnissen und Bilddokumenten beruhenden Monographie besonders geeignet erscheint. Ein neueres, manche DDR-Publikationen einschließendes Literaturverzeichnis findet man in der beachtlichen Kurzbiographie des Ost-Berliner Forschers Heinrich Gemkow. Kritische Hinweise auf Bebel-Veröffentlichungen beider deutscher Staaten und Quellenbelege für ca. 400 Seiten zusammenhängende und kommentierte Bebel-Texte sowie rund 150 Auszüge und andere kürzere Materialien enthält die 1968 von uns vorgelegte Sammlung «August Bebel. Sein Leben in Dokumenten, Reden und Schriften». Unsere Anmerkungen und Bildunterschriften, die Zeittafel und der Quellennachweis der Abbildungen unterrichten über die Herkunft der von uns herangezogenen, teilweise noch unveröffentlichten oder ungenügend edierten, nicht gedruckten Materialien. Hierzu gehören bildliche Darstellungen, Briefe und Chronikeintragungen. Personen und Institutionen, die zu der genannten Dokumentation beigetragen haben, sind dort (S. 416–417) aufgeführt worden.

Speziell für diesen Band sind wir zu Dank verpflichtet: dem Hauptzollamt Aachen-Nord; dem Internationalen Institut für Sozialgeschichte Amsterdam; dem Stadtarchiv Augsburg; der Städt. Aktenkanzlei Baden-Baden; dem Stadtarchiv des Kantons Basel-Stadt; der Gemeinde Berka, Landkr. Northeim; der Historischen Kommission, dem Landesarchiv und Prof. Ernst Schraepler, Berlin-West, sowie dem Institut für Marxismus-Leninismus und der Fotoabteilung Zentralbild des Allgemeinen Deutschen Nachrichtendienstes, Berlin-Ost; dem Stadtarchiv Bern; dem Archiv der Sozialen Demokratie, Bonn–Bad Godesberg; den Geschwistern Render, Borken/Westf.; Prof. Georg Eckert, Braunschweig; dem Hauptamt der Gemeinde Brauweiler; dem Personenstandsarchiv Brühl; Miss Molly Nolan, Chicago; der Gemeindekanzlei Churwalden; Frau Emilie Bernutz, der Bibliothek der Bundeswehr, dem Hauptstaatsarchiv, der Landesbildstelle, dem Landesmuseum Volk und Wirtschaft und der Universitätsbibliothek Düsseldorf; dem Archiv der Stadt Duisburg; der Bildabteilung des Verlags Karl Alber und der Direktion der Museen, Freiburg i. B.; dem Stadtarchiv Heidelberg; dem Stadtdirektor Stadt Herzogenrath; dem Badischen Generallandesarchiv Karlsruhe; Regierungsdirektor a. D. Hans von und zu Gilsa, Kassel-Ha.; dem Bundesarchiv, dem Ev. Gemeindeverband und der Ev. Archivstelle, Koblenz; dem Kölner Stadtmuseum, dem Nachrichtenamt der Stadt Köln und Rheinischen Bildarchiv, Köln; Dr. Hagen Schulze, Kronshagen; dem Archiv der Stadt Lahr/Schw.; den Sozialhistorikern der Universität Lancaster; der Bibliothek des «Punch», London; den Professoren W. O. Henderson und W. H. Chaloner, Universität Manchester; dem Stadtarchiv

138

Nürnberg; dem Archiv der Stadt Offenburg; Prof. Gerard Labuda, Poznań; dem Museum der Stadt Regensburg; der Kulturverwaltung, dem Landesarchiv und dem Museum Carolino Augusteum, Salzburg; Mr. Malcolm John MacDonald, Sevenoaks; dem Antiquariat Joh. Bernecker, Stühlingen; Prof. Shlomo Na'man, Universität Tel Aviv; dem Historischen Archiv Wetzlar; dem Katasteramt, Kulturdezernat und Stadtarchiv Wuppertal und nicht zuletzt den stets hilfsbereiten Zürchern: Einwohnerkontrolle, Keystone-Press-Schweizerische Presse-Agentur, Schweizerisches Sozialarchiv und Stadtarchiv. (Nachträglicher Dank gebührt Prof. Hans-Joachim Schoeps, Erlangen.)

1. Sammelausgaben der Werke

August Bebel. Auswahl aus seinen Reden. Mit Einleitung von K. Kersten. Berlin 1926 (= Redner der Revolution. Bd. X)

August Bebel. Über Gesellschaft, Staat, Demokratie. Hamburg 1955

Kampf dem Militarismus. Hg. vom Marx-Engels-Lenin-Stalin-Institut beim ZK der SED. Berlin 1955 (= Beiträge aus der Geschichte der deutschen Arbeiterbewegung. 3)

Ist die Religion für das Volk nötig? August Bebel über Christentum und Kirche. Mit einem Nachwort von H. Klemle. Berlin 1958

August Bebel. Diesem System keinen Mann und keinen Groschen. Aus Reden und Schriften. Ausgew. und eingel. von H. Gemkow. Berlin 1961 (= Kämpfe der deutschen Arbeiterklasse. Bd. 4)

August Bebel. Politik als Theorie und Praxis. Hg. und eingel. von ALBRECHT LANGNER. Köln 1967

August Bebel. Ausgewählte Reden und Schriften. Hg. vom Institut für Marxismus-Leninismus beim ZK der SED, Zentralinstitut für Geschichte bei der Deutschen Akademie der Wissenschaften zu Berlin. Berlin 1970

2. Einzelschriften von August Bebel

Antrag und Reden der Reichstagsabgeordneten Bebel und Liebknecht gegen die preußische Annexionsanleihe von 100 Millionen Talern. Crimmitschau-Leipzig 1870

Unsere Vertreter im «Reichstag». Wilhelm Liebknechts und August Bebels Reden über die neue «Reichsverfassung» und Bebels Reden über die Maßregelung der Sozialdemokraten. Nach dem stenogr. Bericht. Leipzig 1870

Unsere Ziele. Eine Streitschrift gegen die «Demokratische Correspondenz». Leipzig 1870 – 12. Aufl. Leipzig 1911 – Fotomech. Nachdruck mit Nachwort von Rolf Dlubek und Ursula Herrmann. Berlin 1969

Die Reden Bebels. Gehalten in der 1. Session des Deutschen Reichstags, April und Mai 1871. Nach den stenogr. Berichten. Leipzig 1871

1871–1874. Die parlamentarische Thätigkeit des Deutschen Reichstages und der Landtage und die Sozialdemokratie. Nebst einem Anhang: Winke für die Agitation. Leipzig 1873

Christentum und Sozialismus. Eine religiöse Polemik zwischen Herrn Kaplan Hohoff in Hüffe und dem Verfasser der Schrift: Die parlamentarische Thätigkeit des Deutschen Reichstags und der Landtage und die Sozialdemokratie. Leipzig 1874

Leipziger Hochverratsprozeß. Ausführlicher Bericht über die Verhandlungen des Schwurgerichts zu Leipzig in dem Prozeß gegen Liebknecht, Bebel und Hepner wegen Vorbereitung zum Hochverrat vom 11.–26. März 1872. Bearb. von den Angeklagten. Leipzig 1874 – Neuaufl. 1894 und 1911 – Gekürzte und ergänzte Ausg. hg. von K.-H. LEIDIGKEIT. Berlin 1960

Der deutsche Bauernkrieg. Mit Berücksichtigung der hauptsächlichen sozialen Bewegungen des Mittelalters. Braunschweig 1876

Die parlamentarische Thätigkeit des Deutschen Reichstages und der Landtage von 1874–1876, beleuchtet von A. Bebel. Nebst einem Anhang, enthaltend Winke für die Agitation, Auszüge aus den deutschen Vereins- und Versammlungsgesetzen, dem Strafgesetzbuch, dem Reichstagswahlgesetz, der Reichstagswahlgesetzverordnung etc. Berlin 1876 – 2. veränd. Aufl. Berlin 1878

Yves Guyot und Sigismond Lacroix: Die wahre Gestalt des Christentums. Übersetzung und mit einer Einleitung versehen von einem deutschen Sozialisten. Zürich 1876 – 6. Aufl. Berlin 1911

Die Entwicklung Frankreichs vom 16. bis gegen Ende des 18. Jahrhunderts. Eine kulturgeschichtliche Skizze. Leipzig 1878

Glossen zu Yves Guyots und Sigismond Lacroix's Schrift: Die wahre Gestalt des Christentums. Nebst einem Anhang: Über die gegenwärtige und künftige Stellung der Frau. Leipzig 1878 – 4. durchges. Aufl. Berlin 1908

Die Frau und der Sozialismus [zuerst: Die Frau in der Vergangenheit, Gegenwart und Zukunft]. Hottingen–Zürich [tats. Leipzig] 1879 – 50. verb. (Jubiläums-)Aufl. Stuttgart 1910 [1909] – 59. Aufl. mit Vorwort von Eduard Bernstein. ... 1929 – Neuaufl. mit Geleitwort von Frida Rubiner. Stuttgart 1953 – Neuaufl. mit Geleitwort von Walter Ulbricht. Berlin 1962

Wie unsere Weber leben. Private Enquête über die Lage der Weber in Sachsen. Leipzig 1879 – 2. Aufl. Dresden 1880

Die mohamedanisch-arabische Kulturperiode. Stuttgart 1884 – 2. Aufl. Stuttgart 1889

Charles Fourier. Sein Leben und seine Theorien. Stuttgart 1888 (= Internationale Bibliothek. Bd. 6) – 4. Aufl. 1921

Die Sonntagsarbeit. Auszug aus den Ergebnissen der Erhebungen über die Beschäftigung gewerblicher Arbeiter an Sonn- und Festtagen nebst kritischen Bemerkungen. Stuttgart 1888

Die Tätigkeit des Deutschen Reichstages von 1887–1889. Nürnberg 1890

Zur Lage der Arbeiter in den Bäckereien. Stuttgart 1890

Die Tätigkeit des Deutschen Reichstages von 1890–1893. Berlin 1893

Unsere wirtschaftliche und politische Lage. Rede des deutschen Reichstagsabgeordneten August Bebel, gehalten im Dezember 1892 im Kasino Zürich III. 2. Aufl. Zürich 1893

Sozialdemokratie und Antisemitismus. Rede vom 27. Oktober 1893 auf dem

IV. Parteitag der Sozialdemokratischen Partei zu Köln. Mit Nachwort. Berlin 1894 – Erw. Ausg. Stuttgart 1906

Die Sozialdemokratie und das allgemeine Stimmrecht. Mit besonderer Berücksichtigung des Frauenstimmrechts und Proportional-Wahlsystems. Berlin 1895

Akademiker und Sozialismus. Vortrag gehalten in der öffentlichen Studentenversammlung zu Berlin am 14. Dezember 1897. Berlin 1898 – Verb. Aufl. Berlin 1906

Attentate und Sozialdemokratie. Nach einer Rede, gehalten zu Berlin am 2. November 1898. Berlin 1898 – Neuaufl. mit Nachwort. Berlin 1905 und 1919

Nicht stehendes Heer, sondern Volkswehr! Stuttgart 1898

Die Zuchthausvorlage vor dem Reichstage. Nach dem offiziellen stenogr. Bericht über die Verhandlungen des Deutschen Reichstages am 19.–20. Juni 1899. Berlin 1899

Chinapolitik und Sozialdemokratie vor dem Reichstage. Reden der Regierungsvertreter und der Abgeordneten Bebel und Singer in den Reichstagssitzungen vom 19., 22. und 23. November 1900. Mit Einleitung: Die Kaiserreden. Berlin 1900

Gewerkschaftsbewegung und politische Parteien. Vortrag vom 31. Mai 1900 vor dem Verband der Lithographen und Steindrucker. Berlin 1900

Die Frage der Taktik. Reden der Abgeordneten Bebel und von Vollmar. München 1903

Der politische Massenstreik und die Sozialdemokratie. Berlin 1906 (= Sozialdemokratische Agitationsbibliothek. Bd. IX)

Der nationalliberale Parteitag und die Sozialdemokratie. Rede in der Volksversammlung vom 16. Oktober 1907 in Berlin. Berlin 1907 (= Sozialdemokratische Agitationsbibliothek. Bd. X)

Die Reichstagswahlen des Jahres 1907 und die politische Lage. Berlin 1907 (= Sozialdemokratische Agitationsbibliothek. Bd. XI)

Sozialistentöter Bülow im letzten Reichstage. Aus den Verhandlungen des deutschen Reichstags über den Etat 1907. Berlin 1907 (= Sozialdemokratische Agitationsbibliothek. Bd. VI)

Die Sozialdemokratie im Deutschen Reichstage. Tätigkeitsberichte und Wahlaufrufe aus den Jahren 1871 bis 1893. Berlin 1909 – Originalgetr. Reproduktion mit Einführung von Gustav Seeber. Berlin 1966
[Erweiterte Neuaufl. von: «1871–1874. Die parlamentarische Thätigkeit des Deutschen Reichstages und der Landtage und die Sozialdemokratie». 1873; «Die parlamentarische Thätigkeit des Deutschen Reichstages und der Landtage von 1874–1876». 1876; «Die Tätigkeit des Deutschen Reichstages von 1887–1889». 1890; «Die Tätigkeit des Deutschen Reichstages von 1890–1893». 1893.]

Aus meinem Leben. 3 Bde. Stuttgart 1910–1914 [Bd. III hg. von KARL KAUTSKY.] – Unveränderter Nachdr. Stuttgart 1953 – 3. Aufl. Berlin 1965 – Ausg. in 1 Bd. hg. von WALTHER G. OSCHILEWSKI. Berlin–Hannover 1958

Vorwort zu: Die Klassenkämpfe in Frankreich 1848 bis 1850 von Karl Marx. Berlin 1911

141

3. Biographien, Briefsammlungen, Erinnerungen, Dokumentationen

ADLER, V.: Briefwechsel mit August Bebel und Karl Kautsky, sowie Briefe von und an I. Auer, E. Bernstein, A. Braun, H. Dietz, F. Ebert, W. Liebknecht, H. Müller und P. Singer. Ges. und erl. von F. Adler. Wien 1954

AUER, I.: Zu August Bebels sechzigstem Geburtstag. In: Socialistische Monatshefte Bd. IV/1900

Autorenkollektiv des Instituts für Geschichte der Deutschen Akademie der Wissenschaften zu Berlin unter Leitung von H. Bartel: August Bebel. Eine Biographie. Berlin 1963

BEBEL, AUGUST, und EDUARD BERNSTEIN (Hg.): Karl Marx und Friedrich Engels' Briefwechsel 1844–1883. 4 Bde. Stuttgart 1913

August Bebel. Sein Leben in Dokumenten, Reden und Schriften. Mit einem Geleitwort von Willy Brandt. Hg. von HELMUT HIRSCH. Köln–Berlin 1968

August Bebels Briefwechsel mit Friedrich Engels. Hg. von WERNER BLUMENBERG. London–The Hague–Paris 1965 (= Quellen und Untersuchungen zur Geschichte der deutschen und österreichischen Arbeiterbewegung. Bd. VI)

August Bebels Briefwechsel mit Karl Kautsky. Hg. von KARL KAUTSKY JR. Assen 1971 (= Quellen und Untersuchungen zur Geschichte der deutschen und österreichischen Arbeiterbewegung. N. F. Bd. II)

BERNSTEIN, E.: August Bebel. In: Encyclopaedia Britannica Bd. III (1966)

Eduard Bernsteins Briefwechsel mit Friedrich Engels. Hg. von HELMUT HIRSCH. Assen 1970 (= Quellen und Untersuchungen zur Geschichte der deutschen und österreichischen Arbeiterbewegung, N. F. Bd. I)

BLUMENBERG, W.: August Bebel. In: Kämpfer für die Freiheit. Berlin–Hannover 1959

Einige Briefe Rosa Luxemburgs und andere Dokumente. In: Bulletin of the International Institute of Social History Bd. VII/1952

BRANDES, G.: August Bebel und von Vollmar. In: Deutsche Persönlichkeiten. München 1902

[BRAUN, ADOLF]: Bebel als Redner. In: Fränkische Tagespost, 15. August 1913

GEMKOW, H.: August Bebel. Leipzig 1969

Drei unbekannte Bebel-Briefe aus dem Gefängnis. In: Beiträge zur Geschichte der Deutschen Arbeiterbewegung Bd. VII/1965

GERLACH, H. VON: August Bebel. Ein biographisches Essay. München 1909

HEIMANN, E.: Gedenken an August Bebel. Hannover 1964

HENNIG, G.: August Bebel. Todfeind des preußisch-deutschen Militärstaates 1891–1899. Berlin 1963

HEUSS, TH.: August Bebel, Politiker. In: Neue Deutsche Biographie Bd. I (1953)

HIRSCH, H.: August Bebel. Köln 1973

Ein revisionistisches Sozialismusbild. Drei Vorträge von Eduard Bernstein. Hg. von HELMUT HIRSCH. Hannover 1966

Friedrich Engels. Profile. Wuppertal 1969

Ferdinand Lassalle. Bremen 1963

HOCHDORF, M.: August Bebel. Geschichte einer politischen Vernunft. Berlin

1932

KAUTSKY, K.: Erinnerungen und Erörterungen. Hg. von BENEDIKT KAUTSKY. 's-Gravenhage 1960 (= Quellen und Untersuchungen zur Geschichte der deutschen und österreichischen Arbeiterbewegung. Bd. III)

KEIL, W.: Erlebnisse eines Sozialdemokraten. Stuttgart 1947. Bd. I

KLÜHS, F.: August Bebel. Der Mann und sein Werk. Berlin 1923

LENIN, W. I., und J. W. STALIN: Über August Bebel. Mit Geleitwort von Otto Grotewohl. Berlin 1948

LIEBKNECHT, WILHELM: Briefwechsel mit Karl Marx und Friedrich Engels. Hg. von GEORG ECKERT. The Hague 1963 (= Quellen und Untersuchungen zur Geschichte der deutschen und österreichischen Arbeiterbewegung. Bd. V)

MEHRING, F.: August Bebel. In: Die Neue Zeit Bd. 28/I (1910)
Bebels Denkwürdigkeiten. In: Die Neue Zeit Bd. 28/I (1910); Bd. 30/I (1912)
August Bebel. Persönliche Erinnerungen. In: Archiv für die Geschichte des Sozialismus und der Arbeiterbewegung Bd. IV/1914
[Neuabdruck der Beiträge von Mehring in: Aufsätze zur Geschichte der Arbeiterbewegung. Hg. von H.-J. FRIEDERICI u. a. Berlin 1963.]

NA'AMAN, S. (Hg. unter Mitwirkung von H.-P. HAARSTICK): Die Konstituierung der deutschen Arbeiterbewegung 1862/63. Darstellung und Dokumentation. Assen 1972 (= Quellen und Untersuchungen zur Geschichte der deutschen und österreichischen Arbeiterbewegung, N. F. Bd. IV)

NAUMANN, F.: August Bebel. In: Die Hilfe 9 (1903)
August Bebel. In: Die Hilfe 16 (1910)
Erinnerungen an Bebel. In: Die Hilfe 19 (1913)

NETTL, P.: Rosa Luxemburg. Köln–Berlin 1965

SCHRAEPLER, E.: August-Bebel-Bibliographie. Hg. von der Kommission für Geschichte des Parlamentarismus und der politischen Parteien. Düsseldorf 1962 (= Bibliographien zur Geschichte des Parlamentarismus und der politischen Parteien. 3)
August Bebel. Sozialdemokrat im Kaiserreich. Göttingen–Frankfurt a. M.–Zürich 1966 (= Persönlichkeit und Geschichte. 44)

STAMPFER, F.: August Bebel 1840–1913. In: Die Großen Deutschen Bd. III (1956)

TROTZKI, L.: Über Lenin. Material für einen Biographen. Berlin 1924
Mein Leben. Berlin 1930 – Neuaufl. Frankfurt a. M. 1961

WENDEL, H.: August Bebel. Ein Lebensbild für deutsche Arbeiter. Berlin 1913 – 2. Aufl. Berlin 1923 – Neuaufl. mit Nachwort von K. L. Schmidt. Offenbach a. M. 1948

Wissenschaftliche Bebel-Tagung im Institut für Geschichte an der Akademie der Wissenschaften der UdSSR. Erinnerungen A. M. Deborins und I. M. Maiskis an Bebel. In: Sowjetwissenschaft 1 (1961)

Protokolle des Vereinstags des Verbandes deutscher Arbeitervereine, der Parteitage der Sozialdemokratischen Arbeiterpartei, der Sozialistischen Arbeiterpartei Deutschlands und der Sozialdemokratischen Partei Deutschlands von 1868 bis 1911

Stenographische Berichte der Verhandlungen des konstituierenden Norddeutschen Reichstags, des Norddeutschen Reichstags und des Deutschen Reichstags von 1867 bis 1913

Internationaler Sozialistenkongreß zu Amsterdam, 14. bis 20. August 1904. Berlin 1904

Internationaler Sozialisten-Kongreß zu Stuttgart, 18. bis 24. August 1907. Berlin 1907

Außerordentlicher Internationaler Sozialistenkongreß zu Basel am 24. und 25. November 1912. Berlin 1912

5. Sonstige Literatur

Autorenkollektiv unter Leitung von W. Ulbricht: Geschichte der deutschen Arbeiterbewegung. Bd. I–II. Berlin 1966

BERNSTEIN, E.: Die Voraussetzungen des Sozialismus und die Aufgaben der Sozialdemokratie. Hg. von GÜNTHER HILLMANN. Reinbek 1969 (= Rowohlts Klassiker. 252/253/254)

BLUMENBERG, W.: Karl Marx. Reinbek 1962 (= rowohlts monographien. 76)

ECKERT, G.: Die Braunschweiger Arbeiterbewegung unter dem Sozialistengesetz. I. Teil: 1878–1884. Braunschweig 1961 (= Quellen und Forschungen zur Braunschweigischen Geschichte. Bd. 16)
Samuel Spier und Samuel Kokosky in den Reihen der Braunschweiger Arbeiterbewegung. In: Brunsvicensia Judaica. Braunschweig 1966

ECKERT, H.: Liberal- oder Sozialdemokratie. Frühgeschichte der Nürnberger Arbeiterbewegung. Stuttgart 1968 (= Industrielle Welt. Bd. 9)

FRÖLICH, P.: Rosa Luxemburg. Gedanke und Tat. 2. Aufl. Hamburg 1949 – Neuausg. bearb. von R. Frölich. Frankfurt a. M. 1967

HIRSCH, H.: Denker und Kämpfer. Gesammelte Beiträge zur Geschichte der Arbeiterbewegung. Frankfurt a. M. 1955
Friedrich Engels. Reinbek 1968 (= rowohlts monographien. 142)
Rosa Luxemburg. Reinbek 1969 (= rowohlts monographien. 158)

JENSEN, J.: Presse und politische Polizei. Hamburgs Zeitungen unter dem Sozialistengesetz. 1878–1890. Hannover 1966

LANGE, F. A.: Über Politik und Philosophie. Briefe und Leitartikel. 1862 bis 1875. Hg. von GEORG ECKERT. Duisburg 1968 (= Duisburger Forschungen. Beih. 10)

LASSALLE, F.: Das System der erworbenen Rechte. Eine Versöhnung des positiven Rechts und der Rechtsphilosophie. 2 Bde. Leipzig 1861

LEHMANN, H. G.: Die Agrarfrage in der Theorie und Parxis der deutschen

144

und internationalen Sozialdemokratie. Vom Marxismus zum Revisionismus und Bolschewismus. Tübingen 1970 (= Tübinger Studien zur Geschichte und Politik. Bd. 26)

LEIDIGKEIT, K.-H.: Wilhelm Liebknecht und August Bebel in der deutschen Arbeiterbewegung 1862 bis 1869. 2. verb. Aufl. Berlin 1958

L [ey], C. A.: A. Bebel und sein Evangelium. Sozialpolitische Skizze. Düsseldorf 1885

MATTHIAS, E.: Kautsky und der Kautskyanismus. In: Marxismus-Studien. Hg. von IRING FETSCHER. Tübingen 1957 (= Schriften der Evangelischen Studiengemeinschaft. Bd. II)

MERFELD, M.: Die Emanzipation der Frau in der sozialistischen Theorie und Praxis. Reinbek 1972 (= rororo sexologie. 8026)

MILLER, S.: Das Problem der Freiheit im Sozialismus. Freiheit, Staat und Revolution in der Programmatik der Sozialdemokratie von Lassalle bis zum Revisionismusstreit. Frankfurt a. M. 1964

NA'AMAN, S.: Lassalle. Hannover 1970 (= Veröffentlichungen des Instituts für Sozialgeschichte Braunschweig)

RICHTER, E.: Sozialdemokratische Zukunftsbilder frei nach Bebel. Berlin 1891

RÜHLE, O.: Baupläne für eine neue Gesellschaft. Hg. von HENRY JACOBY. Reinbek 1971 (= Rowohlts Klassiker. 288)

SCHWARZ, K.-O.: Weltkrieg und Revolution in Nürnberg. Ein Beitrag zur Geschichte der deutschen Arbeiterbewegung. Stuttgart 1971 (= Kieler Historische Studien. Bd. 13)

WATZ, K.: Geschichte der jüdischen Gemeinde in Wetzlar von ihren Anfängen bis zur Mitte des 19. Jahrhunderts. 1200–1850. Wetzlar 1966

WEBER, HERMANN: Lenin. Reinbek 1970 (= rowohlts monographien. 168)

WILDE, HARRY: Leo Trotzki. Reinbek 1969 (= rowohlts monographien. 157)

ZIEGLER, H. E.: Die Naturwissenschaft und die sozialdemokratische Idee. Ihr Verhältnis dargestellt auf Grund der Werke von Darwin und Bebel, zugleich ein Beitrag zur wissenschaftlichen Kritik der Theorie der derzeitigen Sozialdemokratie. Stuttgart 1894

NAMENREGISTER

Die kursiv gesetzten Zahlen bezeichnen die Abbildungen

ÜBER DEN AUTOR

HELMUT HIRSCH, Jahrgang 1907. 1928 bis 1932 Studium München, Berlin, Bonn, Köln, Leipzig. 1933 Flucht ins Saargebiet. 1934/35 Pariser Vertreter der Anti-Nazi-Wochenschrift «Westland». Seit 1936 Mitarbeiter des Internationalen Instituts für Sozialgeschichte. 1938 Redakteur der Halbmonatsschrift «Ordo», Paris. 1941 Weiterflucht nach den USA. 1942 bis 1945 Abschluß des Studiums. 1945 bis 1957 Lehrtätigkeit an der Roosevelt University. 1957 Rückwanderung. Seither sozialgeschichtliche Forschungs- und Lehraufträge, neuerdings an der Gesamthochschule Duisburg. Publikationen: «Die Saar in Versailles» (1952), «Die Saar von Genf» (1954), «Denker und Kämpfer» (1955), «Ferdinand Lassalle» (1963), «Ein revisionistisches Sozialismusbild» (1966). Für «rowohlts monographien»: «Friedrich Engels» (rm 142), «Rosa Luxemburg» (rm 158). «Bebel-Dokumentation» (1968), «Engels-Anthologie» (1970), «Eduard Bernsteins Briefwechsel mit Friedrich Engels» (1970), «Lehrer machen Geschichte» (1971), «Experiment in Demokratie: Zur Geschichte der Weimarer Republik» (1972).

QUELLENNACHWEIS DER ABBILDUNGEN

rowohlts monographien

BEDEUTENDE PERSÖNLICHKEITEN
DARGESTELLT IN SELBSTZEUGNISSEN UND BILDDOKUMENTEN
HERAUSGEGEBEN VON KURT KUSENBERG

E/III

MARX / Werner Blumenberg [76]
NIETZSCHE / Ivo Frenzel [115]
PASCAL / Albert Béguin [26]
PLATON / Gottfried Martin [150]
ROUSSEAU / Georg Holmsten [191]
SCHLEIERMACHER / Friedrich Wilhelm Kantzenbach [126]
SCHOPENHAUER / Walter Abendroth [133]
SOKRATES / Gottfried Martin [128]
SPINOZA / Theun de Vries [171]
RUDOLF STEINER / J. Hemleben [79]
VOLTAIRE / Georg Holmsten [173]
SIMONE WEIL / A. Krogmann [166]

RELIGION

SRI AUROBINDO / Otto Wolff [121]
KARL BARTH / Karl Kupisch [174]
JAKOB BÖHME / Gerhard Wehr [179]
MARTIN BUBER / Gerhard Wehr [147]
BUDDHA / Maurice Percheron [12]
EVANGELIST JOHANNES / Johannes Hemleben [194]
FRANZ VON ASSISI / Ivan Gobry [16]
JESUS / David Flusser [140]
LUTHER / Hanns Lilje [98]
THOMAS MÜNTZER / Gerhard Wehr [188]
PAULUS / Claude Tresmontant [23]
TEILHARD DE CHARDIN / Johannes Hemleben [116]

GESCHICHTE

AUGUST BEBEL / Helmut Hirsch [196]
BISMARCK / Wilhelm Mommsen [122]
CAESAR / Hans Oppermann [135]
CHURCHILL / Sebastian Haffner [129]
FRIEDRICH II. / Georg Holmsten [159]
GUTENBERG / Helmut Presser [134]
HO TSCHI MINH / Reinhold Neumann-Hoditz [182]
WILHELM VON HUMBOLDT / Peter Berglar [161]
KARL DER GROSSE / Wolfgang Braunfels [187]
LENIN / Hermann Weber [168]
ROSA LUXEMBURG / Helmut Hirsch [158]
MAO TSE-TUNG / Tilemann Grimm [141]

NAPOLEON / André Maurois [112]
RATHENAU / Harry Wilde [180]
KURT SCHUMACHER / H. G. Ritzel [184]
LEO TROTZKI / Harry Wilde [157]

PÄDAGOGIK

PESTALOZZI / Max Liedtke [138]

NATURWISSENSCHAFT

DARWIN / Johannes Hemleben [137]
EINSTEIN / Johannes Wickert [162]
GALILEI / Johannes Hemleben [156]
ALEXANDER VON HUMBOLDT / Adolf Meyer-Abich [131]
KEPLER / Johannes Hemleben [183]

MEDIZIN

ALFRED ADLER / Josef Rattner [189]
FREUD / Octave Mannoni [178]
C. G. JUNG / Gerhard Wehr [152]
PARACELSUS / Ernst Kaiser [149]

KUNST

DÜRER / Franz Winzinger [177]
MAX ERNST / Lothar Fischer [151]
KLEE / Carola Giedion-Welcker [52]
LEONARDO DA VINCI / Kenneth Clark [153]

MUSIK

BACH / Luc-André Marcel [83]
BEETHOVEN / F. Zobeley [103]
JOHANNES BRAHMS / Hans A. Neunzig [197]
ANTON BRUCKNER / Karl Grebe [190]
CHOPIN / Camille Bourniquel [25]
HÄNDEL / Richard Friedenthal [36]
FRANZ LISZT / Everett Helm [185]
MAHLER / Wolfgang Schreiber [181]
MOZART / Aloys Greither [77]
OFFENBACH / Walter Jacob [155]
SCHUMANN / André Boucourechliev [6]
RICHARD STRAUSS / Walter Deppisch [146]
TELEMANN / Karl Grebe [170]
VERDI / Hans Kühner [64]
WAGNER / Hans Mayer [29]

Helmut Hirsch

Friedrich Engels
in Selbstzeugnissen
und Bilddokumenten
Mit Zeittafel, Bibliographie und Namenregister
rowohlts monographien Band 142

Rosa Luxemburg
in Selbstzeugnissen
und Bilddokumenten
Mit Zeittafel, Bibliographie und Namenregister
rowohlts monographien Band 158

August Bebel
in Selbstzeugnissen
und Bilddokumenten
Mit Zeittafel, Bibliographie und Namenregister
rowohlts monographien Band 196

Texte des Sozialismus und Anarchismus — klassiker rororo

Die russische Arbeiteropposition Die Gewerkschaften in der Revolution. Hg.: Gottfried Mergner [291]

Michail Bakunin Gott und der Staat und andere Schriften. Hg.: Susanne Hillmann [240]

Eduard Bernstein Die Voraussetzungen des Sozialismus und die Aufgaben der Sozialdemokratie. Hg.: Günter Hillmann [252]

Louis-Auguste Blanqui Schriften zur Revolution. Nationalökonomie und Sozialkritik. Hg.: Arno Münster [267]

Nikolaj Bucharin Ökonomik der Transformationsperiode. Hg.: Günter Hillmann [261]

Friedrich Engels Studienausgabe 1 u. 2. Hg.: Hartmut Mehringer und Gottfried Mergner [292 u. 293]
– Studienausgabe 3 u. 4 [295 u. 296 – März 1973]
– Debatte um Engels 1. Weltanschauung, Naturerkenntnis, Erkenntnistheorie [294 – Februar 1973]
– Debatte um Engels 2. Philosophie der Tat, Emanzipation, Utopie [297 – April 1973]

Die Frühsozialisten 1789–1848 II. Hg.: Dr. Michael Vester [280]

Gruppe Internationale Kommunisten Hollands Grundprinzipien kommunistischer Produktion und Verteilung. Intelligenz im Klassenkampf und andere Schriften. Hg.: Gottfried Mergner [285]

Ferdinand Lassalle Arbeiterlesebuch und andere Studientexte. Hg.: Wolf Schäfer [289]

Rosa Luxemburg Schriften zur Theorie der Spontaneität. Hg.: Susanne Hillmann [249]
– Einführung in die Nationalökonomie. Hg.: Karl Held [268]

Pariser Kommune 1871
I Texte von Bakunin, Kropotkin und Lavrov. Hg.: Dieter Marc Schneider [286]
– II Texte von Marx, Engels, Lenin und Trotzki. Hg.: Dieter Marc Schneider [287]

Pierre-Joseph Proudhon Bekenntnisse eines Revolutionärs, um zur Geschichtsschreibung der Februarrevolution beizutragen Hg.: Günter Hillmann [243]

Die Rätebewegung I. u. II. Hg.: Günter Hillmann [277 u. 269]

Otto Rühle Schriften. Perspektiven einer Revolution in hochindustrialisierten Ländern. Hg.: Gottfried Mergner [255]
– Baupläne für eine neue Gesellschaft. Hg.: Henry Jacoby [288]

Peter Kropotkin Worte eines Rebellen. Hg.: Dieter Marc Schneider [290]

Josef W. Stalin Schriften zur Ideologie der Bürokratisierung. Hg.: Günter Hillmann [285]

Leo Trotzki Schriften zur revolutionären Organisation. Hg.: Hartmut Mehringer [270]
– Stalin
Eine Biographie I. und II. Hg.: Hartmut Mehringer [283 u. 284]

Wilhelm Weitling Das Evangelium des armen Sünders / Die Menschheit, wie sie ist und wie sie sein sollte. Hg.: Wolf Schäfer [274]

Texte zur Diskussion des Marxismus bei Rowohlt

Louis Althusser / Etienne Balibar, Das Kapital lesen Bd. I + II [rde 336 + 337]

Michail Bakunin, Gott und der Staat und andere Schriften = Texte des Sozialismus und Anarchismus [rk 240]

Eduard Bernstein, Die Voraussetzungen des Sozialismus und die Aufgaben der Sozialdemokratie = Texte des Sozialismus und Anarchismus [rk 252]

Ernst Bloch, Karl Marx und die Menschlichkeit. Utopische Phantasie und Weltveränderung [rde 317] – Freiheit und Ordnung. Abriß der Sozialutopien. Mit Quellentexten [rde 318]

Hans Christoph Buch (Hg.), Parteilichkeit der Literatur oder Parteiliteratur? Materialien zu einer undogmatischen Ästhetik [dnb 15]

Nikolaj Bucharin, Ökonomik der Transformationsperiode = Texte des Sozialismus und Anarchismus [rk 261]

Milovan Djilas, Die unvollkommene Gesellschaft. Jenseits der «Neuen Klasse» [rororo 1377]

Friedrich Engels, Studienausgabe = Texte des Sozialismus und Anarchismus Band 1 u. 2 [rk 292; rk 293] – Band 3 u. 4 [rk 295; rk 296 – März 1973] – Debatte um Engels. 1. Weltanschauung, Naturerkenntnis, Erkenntnistheorie [rk 294 – Februar 1973] – Debatte um Engels 2. Philosophie der Tat, Emanzipation, Utopie [rk 297 – April 1973]

Friedrich Engels in Selbstzeugnissen und 70 Bilddokumenten dargestellt von Helmut Hirsch [rm 142]

Frantz Fanon, Die Verdammten dieser Erde. Vorwort: Jean-Paul Sartre [rororo aktuell 1209]

Ernst Fischer, Auf den Spuren der Wirklichkeit. Sechs Essays [RP 62] – Die Revolution ist anders. Ernst Fischer stellt sich zehn Fragen kritischer Schüler [rororo aktuell 1458]

Die Frühsozialisten 1789–1848 II = Texte des Sozialismus und Anarchismus = [rk 280]

Roger Garaudy, Marxismus im 20. Jahrhundert – [rororo aktuell 1148] – Die ganze Wahrheit oder Für einen Kommunismus ohne Dogma [rororo aktuell 1403] – Kann man heute noch Kommunist sein? Eine historisch-dialektische Analyse [RP 72]

Garaudy/Metz/Rahner, Der Dialog oder Ändert sich das Verhältnis zwischen Katholizismus und Marxismus? [rororo aktuell 944]

Ernesto Che Guevara, Brandstiftung oder Neuer Friede? Reden und Aufsätze. Hg. und mit einem Nachwort versehen von Sven G. Papcke [rororo aktuell 1154] – Aufzeichnungen aus dem kubanischen Befreiungskrieg 1956–1959. Mit einem einleitenden Text von Fidel Castro [RP 71]

Robert Havemann, Dialektik ohne Dogma? Naturwissenschaft und Weltanschauung [rororo aktuell 683] – Fragen, Antworten, Fragen. Aus der Biographie eines deutschen Marxisten [rororo 1556]

Günter Hillmann, Die Befreiung der Arbeit. Die Entwicklung kooperativer Selbstorganisation und die Auflösung bürokratisch-hierarchischer Herrschaft [rde 342]

Werner Hofmann, Grundelemente der Wirtschaftsgesellschaft – Ein Leitfaden für Lehrende [rororo aktuell 1149]

Ho Tschi Minh in Selbstzeugnissen und 70 Bilddokumenten dargestellt von Reinhold Neumann-Hoditz [rm 182]

Joachim Israel, Der Begriff der Entfremdung. Makrosoziologische Untersuchung von Marx bis zur Soziologie der Gegenwart [rde 359]

Leo Kofler, Perspektiven des revolutionären Humanismus [RP 70]

Lateinamerika – Ein zweites Vietnam? Texte von Douglas Bravo, Fidel Castro, Régis Debray, Ernesto Che Guevara u. a. Hg. von Giangiacomo Feltrinelli [RP 66]

Wladimir Iljitsch Lenin, in Selbstzeugnissen und 70 Bilddokumenten dargestellt von Hermann Weber [rm 168]

Georg Lukács, Russische Literatur. Russische Revolution. Puschkin / Tolstoi / Dostojewskij / Fadejew / Makarenko / Scholochow / Solschenizyn. Ausgewählte Schriften III [rde 314]
– Marxismus und Stalinismus, Politische Aufsätze. Ausgewählte Schriften IV [rde 327]

Gespräche mit Georg Lukács
Hans Heinz Holz / Leo Kofler / Wolfgang Abendroth. Hg. von Theo Pinkus [RP 57]

Rosa Luxemburg, Schriften zur Theorie der Spontaneität = Texte des Sozialismus und Anarchismus [rk 249]
– Einführung in die Nationalökonomie [rk 268]

Rosa Luxemburg, in Selbstzeugnissen und 70 Bilddokumenten dargestellt von Helmut Hirsch [rm 158]

Mao Tse-tung, Theorie des Guerillakrieges oder Strategie der Dritten Welt. Einleitender Essay von Sebastian Haffner [rororo aktuell 886]

Mao Tse-tung in Selbstzeugnissen und 70 Bilddokumenten dargestellt von Tilemann Grimm [rm 141]

Karl Marx, Texte zu Methode und Praxis. Hg. von Günter Hillmann. I: Jugendschriften 1835–1841 [rk 194] – II: Pariser Manuskripte 1844 [rk 209] – III: Der Mensch in Arbeit und Kooperation. Aus den Grundrissen der Kritik der politischen Ökonomie 1857/58 [rk 218]

Karl Marx in Selbstzeugnissen und 70 Bilddokumenten dargestellt von Werner Blumenberg [rm 76]

Gajo Petrović, Philosophie und Revolution. Modelle für eine Marx-Interpretation. Mit Quellentexten [rde 363]

Pierre Joseph Proudhon, Bekenntnisse eines Revolutionärs um zur Geschichtsschreibung der Februarrevolution beizutragen = Texte des Sozialismus und Anarchismus [rk 243]

Jean-Paul Sartre, Kolonialismus und Neokolonialismus. Sieben Essays [RP 68] – Kritik der dialektischen Vernunft Band I. Theorie der gesellschaftlichen Praxis. Geb. – Marxismus und Existentialismus. Versuch einer Methodik [rde 196]

Josef W. Stalin, Schriften zur Ideologie der Bürokratisierung = Texte des Sozialismus und Anarchismus [rk 258]

Sergej Tretjakov, Die Arbeit des Schriftstellers. Aufsätze, Reportagen, Porträts. Hg. von Heiner Boehncke [dnb 3]

Leo Trotzki, Schriften zur revolutionären Organisation = Texte des Sozialismus und Anarchismus [rk 270]

Leo Trotzki in Selbstzeugnissen und 70 Bilddokumenten dargestellt von Harry Wilde [rm 157]

aktuell rororo

Herausgegeben von Freimut Duve

DETLEV ALBERS / WERNER GOLDSCHMIDT / PAUL OEHLKE Klassenkämpfe in Westeuropa. England, Frankreich, Italien [1502]

HEINRICH ALBERTZ / DIETRICH GOLDSCHMIDT [Hg.] Konsequenzen oder Thesen, Analysen und Dokumente zur Deutschlandpolitik [1280]

ULRICH ALBRECHT / BIRGIT A. SOMMER Deutsche Waffen für die Dritte Welt. Militärhilfe und Entwicklungspolitik. Vorwort von Helmut Glubrecht [1535]

MARCIO M. ALVES Brasilien – Rechtsdiktatur zwischen Armut und Revolution [1549]

GÜNTER AMENDT [Hg.] Kinderkreuzzug oder Beginnt die Revolution in den Schulen? Mit Beiträgen von Stefan Rabe, Ilan Reisin, Ezra Gerhardt, Günter Degler u. Peter Brandt [1153]

AUTORENKOLLEKTIV POLIZEI HESSEN / UNIVERSITÄT BREMEN Aufstand der Ordnungshüter oder Was wird aus der Polizei? [1596]

AUTORENKOLLEKTIV PRESSE Wie links können Journalisten sein? Pressefreiheit und Profit mit einem Vorwort von Heinrich Böll [1599]

JAMES BALDWIN Hundert Jahre Freiheit ohne Gleichberechtigung oder The Fire Next Time / Eine Warnung an die Weißen [634]

EMIL BANDHOLZ Zwischen Godesberg und Großindustrie oder Wo steht die SPD? [1459]

RICHARD J. BARNET Der amerikanische Rüstungswahn oder Die Ökonomie des Todes. Mit einem Beitrag von Claus Grossner [1450]

DIERK-ECKHARD BECKER / ELMAR WIESENDAHL Ohne Programm nach Bonn oder Die Union als Kanzlerwahl-Verein [1606]

PETER BENDER Die Ostpolitik Willy Brandts oder Die Kunst des Selbstverständlichen [1548]

BERLINER AUTORENGRUPPE [Hg.] Kinderläden. – Revolution der Erziehung oder Erziehung zur Revolution? [1340]

PHILIP BERRIGAN Christen gegen die Gesellschaft. US-Priester im Gefängnis [1498]

NORBERT BLÜM Reaktion oder Reform. Wohin geht die CDU? [1503]

JUAN BOSCH Der Pentagonismus oder Die Ablösung des Imperialismus? Mit einem Nachwort von Sven G. Papcke [1151]

G. und D. COHN-BENDIT Linksradikalismus – Gewaltkur gegen die Alterskrankheit des Kommunismus [1156]

DAVID COOPER [Hg.] Dialektik der Befreiung. Mit Texten von Carmichael, Gerassi, Goodman, Marcuse, Sweezy u. a. [1274]

JAN DELEYNE Die chinesische Wirtschaftsrevolution. Eine Analyse der sozialistischen Volkswirtschaft Pekings [1550]

BERNADETTE DEVLIN Irland: Religionskrieg oder Klassenkampf? [1182]

KLAUS ESSER Durch freie Wahlen zum Sozialismus oder Chiles Weg aus der Armut [1554]

FRANZ FABIAN [Hg.] Arbeiter übernehmen ihren Betrieb oder Der Erfolg des Modells Süßmuth [1605]

FRANTZ FANON Die Verdammten dieser Erde. Vorwort von Jean-Paul Sartre [1209]

ERNST FISCHER Die Revolution ist anders. Ernst Fischer stellt sich zehn Fragen kritischer Schüler [4158]

KARL-HERMANN FLACH / WERNER MAIHOFER / WALTER SCHEEL Die Freiburger Thesen der Liberalen [1545]

ERICH FRISTER / LUC JOCHIMSEN [Hg.] Wie links dürfen Lehrer sein? Unsere Gesellschaft vor einer Grundsatzentscheidung [1555]

J. WILLIAM FULBRIGHT Das Pentagon informiert oder Der PropagandaApparat einer Weltmacht. Mit einem Essay von Winfried Scharlau [1541]

NORBERT GANSEL [Hg.] Überwindet den Kapitalismus oder Was wollen die Jungsozialisten? [1499]

aktuell rororo

Herausgegeben von Freimut Duve

ROGER GARAUDY Marxismus im 20. Jahrhundert [1148]
– Die ganze Wahrheit oder für einen Kommunismus ohne Dogma [1403]

GARAUDY / METZ / RAHNER Der Dialog oder Ändert sich das Verhältnis zwischen Katholizismus und Marxismus? [944]

IMANUEL GEISS / VOLKER ULLRICH [Hg.] 15 Millionen beleidigte Deutsche oder Woher kommt die CDU? Beiträge zur Kontinuität der bürgerlichen Parteien [1414]

KARIN GÜNTHER-THOMA / REGINA HENZE / LINETTE SCHÖNEGGE Kinderplanet oder Das Elend der Kinder in der Großstadt [1602]

ERNESTO CHE GUEVARA Brandstiftung oder Neuer Friede? Reden und Aufsätze. Hg. und mit einem Nachwort versehen von Sven G Papcke [1154]

HILDEGARD HAMM-BRÜCHER Aufbruch ins Jahr 2000 oder Erziehung im technischen Zeitalter. Ein bildungspolitischer Report aus 11 Ländern [983]

ROBERT HAVEMANN Dialektik ohne Dogma? / Naturwissenschaft und Weltanschauung [683]

Helft Euch selbst! Der Release-Report gegen die Sucht. Hg. vom Autorenteam: Rolv Heuer, Herman Prigann, Thomas Witecka [1543]

ROLF HEYEN [Hg.] Die Entkrampfung Berlins oder Eine Stadt geht zur Tagesordnung über [1544]

WERNER HOFMANN Grundelemente der Wirtschaftsgesellschaft – Ein Leitfaden für Lehrende [1149]

LUC JOCHIMSEN Hinterhöfe der Nation – Die deutsche Grundschulmisere [1505]

JOACHIM KAHL Das Elend des Christentums oder Plädoyer für eine Humanität ohne Gott [1093]

REINHARD KÜHNL Formen bürgerlicher Herrschaft. Liberalismus – Faschismus [1342]

REINHARD KÜHNL [Hg.] Der bürgerliche Staat der Gegenwart. Formen bürgerlicher Herrschaft II [1536]

HILDEGARD LÜNING [Hg.] Mit Maschinengewehr und Kreuz oder Wie kann das Christentum überleben? [1448]

MAO TSE-TUNG Theorie des Guerillakrieges oder Strategie der Dritten Welt / Einleitender Essay von SEBASTIAN HAFFNER [886]

WALTER MENNINGEN [Hg.] Ungleichheit im Wohlfahrtsstaat. Der Alva-Myrdal-Report der schwedischen Sozialdemokraten [1457]

WALTER MÖLLER / FRITZ VILMAR Sozialistische Friedenspolitik für Europa. Kein Frieden ohne Gesellschaftsreform in West und Ost [1551]

ERNST RICHERT Die DDR-Elite oder Unsere Partner von morgen? [1038]

JÖRG RICHTER [Hg.] Die vertrimmte Nation oder Sport in rechter Gesellschaft [1547]

HUGO RITTER Verrat an der sozialen Marktwirtschaft? Wirtschaftspolitik zwischen Anspruch und Wirklichkeit [1608]

BERTRAND RUSSELL / JEAN-PAUL SARTRE Das Vietnam-Tribunal I oder Amerika vor Gericht [1091]
– Das Vietnam-Tribunal II oder Die Verurteilung Amerikas [1213]

UWE SCHULTZ [Hg.] Umwelt aus Beton oder Unsere unmenschlichen Städte. Mit einem Nachwort von Alexander Mitscherlich [1497]

HANS SEE Volkspartei im Klassenstaat oder Das Dilemma der innerparteilichen Demokratie. Nachwort von Wolfgang Abendroth [1576]

REINHARD STRECKER / GÜNTER BERNDT [Hg.] Polen – Ein Schauermärchen oder Gehirnwäsche für Generationen [1500]

JOACHIM WEILER / ROLF FREITAG Ausbildung statt Ausbeutung. Der Kampf der Essener Lehrlinge. Mit einem Vorwort von Günter Wallraff [1504]

Welternährungskrise oder Ist eine Hungerkatastrophe unausweichlich? Hg. von der Vereinigung Deutscher Wissenschaftler [1147]

Gesamtauflage über 3,8 Millionen Exemplare

Rowohlt Paperback

Marxismus und Literatur

Eine Dokumentation in drei Bänden

Herausgegeben mit einer Einführung und Anmerkungen von Fritz J. Raddatz

Rowohlt Paperback Band 80, 81 und 82 · Je ca. 330 Seiten

Eine Dokumentation, die die wesentlichen Texte zusammenfaßt, die von marxistischer Seite zum Thema Literatur und Kunst existieren. Sie enthält einerseits die schon klassisch gewordenen Äußerungen marxistischer Theoretiker wie beispielsweise Friedrich Engels' berühmten Brief an Miss Harkness, Gorkis erste Definition des sozialistischen Realismus, Georg Lukács' Briefwechsel mit Anna Seghers u. a. m. Andererseits wurden Texte aufgenommen, die als Verlautbarungen, Konferenzbeschlüsse oder offizielle Parteidokumente Wichtigkeit erlangten. Dabei sind natürlich nicht nur Zeugnisse aus dem deutschen Sprachraum berücksichtigt worden.

Der Band wird schließlich zeigen, daß sich aus einer ursprünglich monolithischen Konzeption der Literatur eine sehr widersprüchliche Diskussion entwickelte, die in ihren Folgen keineswegs begrenzt blieb auf ideologische Fragen, sondern vielmehr als Ansatzpunkt zu realen politischen Veränderungen verstanden werden muß, wie etwa die inzwischen berühmt gewordene Kafka-Konferenz in Liblice in engem Zusammenhang mit den politischen Entwicklungen in der ČSSR zu sehen ist.

545/2